Eu, Valentão

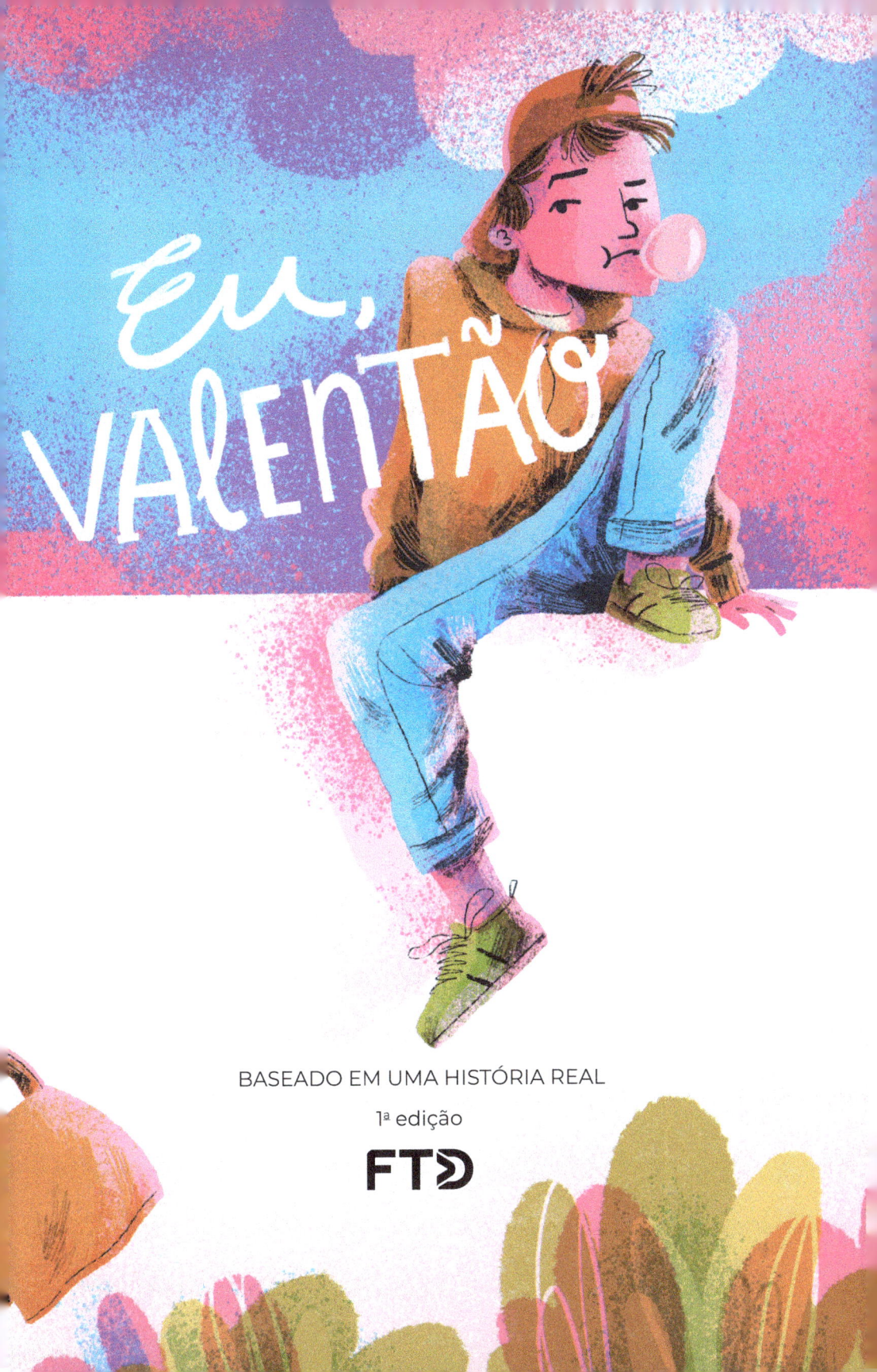

Eu, Valentão

BASEADO EM UMA HISTÓRIA REAL

1ª edição

FTD

FTD

Copyright da edição brasileira © Editora FTD, 2022
Reprodução proibida: Art. 184 do Código Penal e Lei 9.610 de 19 de fevereiro de 1998.
Todos os direitos reservados à **EDITORA FTD**
Rua Rui Barbosa, 156 — Bela Vista — São Paulo — SP
CEP 01326-010 — Tel. 0800 772 2300
www.ftd.com.br
central.relacionamento@ftd.com.br

Io, bullo: da una storia vera, de Giusi Parisi
© 2018, Edizioni EL S.r.l., San Dorligo Della Valle (Trieste), www.edizioniel.com. Direitos negociados por meio da agência literária Ute Körner, www.uklitag.com

Diretor-geral Ricardo Tavares de Oliveira
Diretor de conteúdo e negócios Cayube Galas
Gerente editorial Isabel Lopes Coelho
Editor Estevão Azevedo
Editor assistente Bruno Salerno Rodrigues
Assistente de relações internacionais Tassia Regiane Silvestre de Oliveira
Coordenador de produção editorial Leandro Hiroshi Kanno
Preparador Mario Tommaso
Revisoras Fernanda Simões Lopes e Marina Nogueira
Editores de arte Daniel Justi e Camila Catto
Projeto gráfico e diagramação Minna Miná
Coordenadora de imagem e texto Marcia Berne
Diretor de operações e produção gráfica Reginaldo Soares Damasceno

Dados Internacionais de Catalogação na Publicação (CIP)
(Câmara Brasileira do Livro, SP, Brasil)

Parisi, Giusi
Eu, valentão / Giusi Parisi; ilustrações de Minna Miná; tradução de Federico Carotti. — 1. ed. — São Paulo: FTD, 2022.

Título original: Io, bullo: da una storia vera
ISBN 978-88-6656-475-1 (ed. original)
ISBN 978-85-96-03377-0

1. Ficção juvenil I. Miná, Minna. II. Título.

22-109432   CDD-028.5

Índice para catálogo sistemático:
1. Ficção: Literatura juvenil 028.5

Cibele Maria Dias – Bibliotecária – CRB-8/9427

Esta é uma obra sobre o bullying. O texto retrata de modo realista o problema e suas consequências danosas para a comunidade escolar, sobretudo para a vítima das agressões. Apresenta, ainda, estratégias para lidar com a questão baseadas em experiências bem-sucedidas da autora.

A TODOS OS ALESSANDROS E DANILOS DO MUNDO.

APRESENTAÇÃO À EDIÇÃO BRASILEIRA
Giusi Parisi
8

1 SETEMBRO, VOLTA ÀS AULAS
11

5 A NOVATA
29

6 TENTATIVAS FRACASSADAS
31

7 QUE DIA É HOJE?
39

10 CALMA SEM GRAÇA
53

11 UM POUCO DE BRIO NUNCA FAZ MAL
59

15 REDAÇÃO
93

16 CAIO NA ÁGUA DOS PEIXES 96

17 A NOVA ATITUDE DOS COLEGAS
101

2 A MINHA ENTRADA NA CLASSE
14

3 PRIMEIRO DIA DE AULA
18

4 PRIMEIRA SEMANA DE ESCOLA: UM TÉDIO MORTAL
25

8 LONGE DE SER UM "HOMEM ÍNTEGRO"
46

9 LEMBRANÇAS AMORTECIDAS
50

12 EMOÇÕES BONITAS E FEIAS
71

13 UMA NOVA PALAVRA: *Bullying*
78

14 A HORA DA VERDADE
86

SOBRE A AUTORA
SOBRE O TRADUTOR
110

AGRADECIMENTOS
109

SOBRE A ILUSTRADORA
111

APRESENTAÇÃO À EDIÇÃO BRASILEIRA

Giusi Parisi

Antes de dar aulas para o Ensino Médio, lecionei nos Anos Finais do Fundamental por uma década. Quase toda essa experiência ocorreu na periferia de Palermo (capital da Sicília, na Itália), habitada por famílias que, em sua maioria, falam o dialeto local, enfrentam sérios problemas socioeconômicos e apresentam forte deficiência cultural. Trabalhar com jovens de bairros periféricos não é nada fácil. Antes mesmo de apresentar os conteúdos didáticos, é preciso tornar a classe um grupo coeso — o que quase sempre falta — e ensinar as bases de uma convivência saudável, pautada na comunicação verbal — e não física! — livre de gritaria e escárnio.

Mesmo assim, entrar em salas com realidades problemáticas como a descrita no meu romance sempre me pareceu um "mergulho na vida real", em que sentimentos de vários tipos, inclusive conflitantes, se misturam a ponto de me deslocar, me cansar e me desanimar — mas também de me encantar com os alunos e com todo o bairro. O amor e a empatia são as chaves que me permitiram abrir cuidadosamente o tesouro da interioridade dos jovens, guardado com muito zelo por eles.

Contar sobre esses jovens no romance, dando-lhes a devida voz, foi um processo importante para mim, sobretudo porque eu os "revivi" anos mais tarde com a mesma emoção da época. E, para não trair a voz deles e para tornar os personagens realistas, decidi manter algumas palavras no dialeto siciliano falado em Palermo, como: *'a bedda* (a bela); *'u nanu* (o nanico); *cati, scupi, cannavazzi* (baldes, vassouras, panos); *'u ziccusu* (o carrapato); *'u zoppu* (o manco); *poveru figghiu* (pobre filho); *'u tignusu* (o careca); *'ricchio* (maricas); *scimunitu* (imbecil); *Lassalu! Ma chi ti pigghiò?* ("Solte-o! Mas o que deu em você?"); *'u capisti?* ("entendeu?").[1]

Assim, relendo o livro, tenho a sensação de ouvir as vozes de Alessandro e Danilo, de Caterina e Nella, de Paolo e Ciccio e Viciú, e de todos os personagens, tão caros a mim quanto as pessoas que os inspiraram. Coloquei muitas coisas em *Eu, valentão*. A primeira delas foi a confiança que sempre deposito nos jovens, junto com a tenacidade e o entusiasmo que me guiam quando entro na sala de aula, para que a esperança e a força de sonhar continuem a viver neles. *Eu, valentão* é isto: uma mensagem de esperança — tanto para os jovens que acham que não sabem mais sonhar quanto para os adultos que desistiram de acreditar nos jovens e na capacidade deles de mudar o mundo.

---

1 Na Itália, existem muitos dialetos, variantes da língua oficial (o italiano) faladas nas diversas regiões ou cidades. Uma pessoa nascida na região da Sicília pode usar o dialeto siciliano ou o italiano oficial para se comunicar, dependendo do lugar e da situação. Devido à importância do registro linguístico para a construção da narrativa, optou-se nesta edição por manter as palavras em dialeto siciliano de Palermo conforme o original, seguidas da tradução em português entre colchetes. [Todas as notas do livro são da edição brasileira.]

SETEMBRO, VOLTA ÀS AULAS

1

HOJE É O PRIMEIRO DIA DE AULA, E A ADRENALINA ESTÁ nas alturas. Não gosto de estudar, mas vou à escola do bairro com uma vaga sensação de prazer. Vocês podem achar que é porque vou rever meus colegas depois de um verão inteiro de férias[2], mas não é bem assim.

Na verdade, encontro a maioria deles também nos meses de verão, jogando pelas ruas do bairro ou nas empresas familiares, onde alguns são obrigados a trabalhar ajudando os irmãos, pais ou avós.

Vincenzo, que todos chamam de Viciú *'u nanu* [o nanico], por exemplo, trabalha na venda de frutas e verduras do avô, uma espécie de meia barraca na esquina do Cortile Mandalá[3]. Já Ciccio, o gorducho, todas as manhãs, das oito ao meio-dia, e todas as tardes, das quatro às sete, percorre as ruelas com o pai num triciclo de carga de cor verde-garrafa desbotada, cheio de detergentes, panos, vassouras e baldes para vender

---

2 Na Itália, onde se passa a história, o período maior de férias escolares acontece no meio do ano, durante o verão no hemisfério Norte.
3 *Cortile* é um pátio aberto no meio dos sobrados de uma quadra, que tem acesso à rua, uma espécie de vila. É comum na arquitetura de algumas cidades da Itália, como Palermo.

às donas de casa. A voz gravada dele ecoa num megafone: "Toalhas, papel higiênico, detergentes, *cati, scupi, cannavazziii* [baldes, vassouras, panooos]!". Sempre as mesmas palavras, faz dois anos.

Paolo *'u ziccusu* [o carrapato] vende cigarros de contrabando e bombinhas de todos os tipos (traques, rojões, palitos, candelinhas etc.) com o irmão mais velho, em qualquer esquina do bairro que a polícia ainda não tenha vasculhado. Todo dia, às dez da manhã, eles arrumam cuidadosamente a mercadoria numa grande chapa retangular de papelão, apoiada num pé de ferro enferrujado em forma de X, tirado não se sabe de onde.

Por fim, Giovanna, que chamam de Nella *'a bedda* [a bela], trabalha com a mãe numa empresa de faxina. Cuida da área comum dos prédios, inclusive do meu. Assim, ao menos uma vez por semana durante todo o verão, posso admirá-la e conversar um pouco com ela, enquanto lava os degraus ou passa lustra-móveis no corrimão. Nella é uma garota linda, de olhos verdes e cabelos encaracolados castanho-escuros e, naturalmente, um corpo de tirar o fôlego, que ela não hesita em deixar à mostra com roupas minúsculas. No verão passado, notei pela primeira vez a maquiagem nos olhos e de vez em quando nos lábios, o que a deixa ainda mais atraente. Todos os rapazes ficam atrás dela, mas, por sorte, estou aqui para defendê-la. Ai de quem importuná-la. Estão dizendo por aí que Nella deixou a escola. Vamos ver.

Hoje de manhã o despertador começou a tocar às sete e quinze. Eu me arrumo com muita calma. É que a escola fica na rua Pê Pê Pê, como eu chamo, ou seja, na rua Padre Pino Pugliesi, a dois passos de casa. Tomo o café da manhã no meio da bagunça de sempre: Salvuccio, o meu irmão menor, de um ano, grita no colo da minha mãe que, ofegante, tenta acalmá-lo com um embalo que mais parece um tique nervoso e que sacode todo o busto dela; ao mesmo tempo, toda corada com a agitação, grita com Mimmo, o meu irmão do meio, de nove anos, mandando-o tirar todos os brinquedos da mochila e colocar os livros e os cadernos.

— E lembrem que hoje o pai de vocês vai telefonar à tarde, já que de manhã vocês estão na escola!

Depois ela descobre o peito e impacientemente amamenta Salvuccio, para acalmá-lo. Uma cena que realmente me dá nojo!

— Ei, mã', cubra-se, por favor! — digo eu, incomodado.

Ela se vira e continua a sacolejar o meu irmão para conseguir um pouco de silêncio. Uma cena que se repete demais. Desde que Salvuccio nasceu, a minha mãe ficou impaciente, irritável e não escuta mais ninguém.

Depois do café da manhã, vou tomar uma ducha. Barbeio a leve penugem que, desde este verão, começou a crescer em algumas partes do meu rosto, isto é, em cima do lábio superior e ao longo das costeletas. Então me visto. *Jeans*, camiseta amarela e, claro, o tênis amarelo e preto que o meu pai me enviou na semana passada com um bilhete que dizia: *Para o meu homenzinho, porque nada deve lhe faltar. Com amor, papai.*

O meu pai pensa em tudo. Em tudo mesmo. E na prisão não é fácil, podem crer. Mas ele nunca esquece nada. Nunca deixa passar um aniversário, um dia do nosso santo[4], um evento importante. Além disso, quer estar a par de tudo. Assim, todo dia, de manhã ou à tarde, ele telefona para casa, e contamos como estamos passando o dia.

Mimmo nem sempre quer falar com ele. Notei que ele sente vergonha de ter o pai na cadeia. Eu não, porque sei que o meu pai é inocente e, mais cedo ou mais tarde, a verdade vai aparecer. O nosso advogado está trabalhando justamente nisso. E o meu avô vai visitar meu pai na prisão inúmeras vezes com os amigos, para lhe relembrar a versão dos fatos, isto é, que o meu pai, naquela noite, estava no bar "tomando umas" antes de voltar para casa depois do serviço.

2 A MINHA ENTRADA NA CLASSE

O BAIRRO ONDE MORO É UM DOS MAIS COMPLICADOS da periferia de Palermo. Uma espécie de selva urbana onde

---

4 Na Itália, as pessoas comemoram o dia do santo católico que tem o mesmo nome que elas. É o chamado "dia onomástico", ou seja, relativo ao nome.

cada um precisa se mostrar mais forte do que o outro para não sucumbir, principalmente quando passa, como eu, a maior parte do dia na rua.

Na tentativa de não me deixar enganar por ninguém, cresci desconfiado em relação aos outros. Sempre de cara fechada e com o punho levantado, pronto para entrar numa briga, até mesmo por uma ofensa insignificante. Desse modo, ganhei o respeito dos garotos do bairro, que, se não são meus amigos, pelo menos têm medo de mim.

O prédio da escola é grande e iluminado. Sua cor verde-esmeralda brilhante é interrompida aqui e ali por rachaduras cinzentas e remendos feitos de qualquer jeito, para cobrir as fendas que se formaram com o tempo nas paredes.

Todas as manhãs o sinal toca pontualmente às oito e cinco, entre as conversas barulhentas de alguns alunos, os empurrões de brincadeira de outros e as apressadas negociações com as figurinhas repetidas de jogadores de futebol, que, entrando na sala de aula, desaparecem nos cantos mais escondidos das mochilas. Os professores nos proíbem de levar figurinhas para a escola, porque dizem que elas provocam brigas demais entre nós.

Como faço toda manhã desde que vou à escola, percorro a rua que vai da porta veneziana marrom da minha casa, uma porta desbotada pelo calor do verão, até o portão externo da escola, pelo qual nunca passo, mesmo estando aberto. Prefiro pular a grade que cerca a escola, escalando-a e descendo para o lado de dentro com um salto acrobático.

Nunca rolo pelo chão. Já sou alto para a minha idade e tenho um bom equilíbrio físico, um ótimo controle dos movimentos. Por isso caio de pé, as pernas levemente dobradas, os músculos esticados e elásticos.

E de nada valem os gritos do seu Dino, o bedel, que este ano certamente investirá contra essa minha primeira infração cotidiana, toda manhã, me ameaçando com o punho fechado girando sobre a cabeça, como fez nos anos passados: "*Se ti pigghiu!...*" [Se eu te pego!...]. Apesar disso, durante os três anos da *scuola media*[5] ele nunca conseguiu. É velho e tem o corpo instável por causa de uma perna visivelmente mais curta do que a outra. Por isso todos o chamam de Dino *'u zoppu* [o manco].

Depois de pular a grade, dou uns trinta passos para chegar à entrada do edifício. Subo os quatro degraus e entro.

Encontro-me num saguão muito amplo e luminoso, com as janelas dispostas ao longo da parede da frente. As duas paredes laterais são decoradas com murais, frases e desenhos dos trabalhos escolares contra a máfia. São paredes muito coloridas e particularmente significativas, porque a nossa escola tem o nome de uma das vítimas da máfia dos anos 1990. Atravesso o saguão, subo as escadas à esquerda, dou alguns passos e finalmente chego diante da porta da minha classe, a II E. Abro-a com o habitual gesto de um verdadeiro patrão. *Bam!* Fecho-a atrás de mim, batendo

---

5 A *scuola media*, na Itália, é um período escolar equivalente aos Anos Finais do Ensino Fundamental no Brasil, porém com duração de três anos.

com mais violência do que antes, *bam*! Todos se calam e me olham apavorados.

Eu me sinto importante. Uma figura importante.

— Salve! Bom dia a todos!

E jogo a mochila na carteira da terceira e última fila, onde está Walter, um rapazinho magro e moreno que frequenta um curso de dança caribenha. Tem cabelo liso e não muito curto, que cobre suas orelhas de abano.

— Saia já daí, *'ricchio* [maricas]!

Ele dá um pulo e passa imediatamente para a primeira carteira, onde fica o último lugar vago, ao lado de Nanni *'u malatu* [o doente], garoto com deficiência ao lado de quem ninguém quer se sentar.

Então eu me sento ao lado do meu colega de carteira, Paolo.

Tenho treze anos, mas fumo já faz dois anos, isto é, desde que o meu pai foi preso. Naquela noite, depois que o capturaram, encontrei no chão o maço de cigarros sem filtro dele, que deve ter caído durante o alvoroço, entre os gritos de desespero da minha mãe e os gritos de ameaça dos vizinhos, que haviam saído para, inutilmente, tentar intimidar os policiais. Recolhi aquele maço meio vazio, e foi como se o meu pai tivesse deixado o seu lugar como herança para mim.

Desde aquele momento, eu me senti o novo chefe da família e, portanto, com pleno direito de fumar.

Lembro que naquela noite fiquei triste, sim, por causa do meu pai, mas me senti principalmente atraído e atordoado pela novidade que me coube: eu era o filho homem mais velho e todos me diziam que, a partir daquele momento, deveria cuidar da minha família. E quando os vizinhos de casa, de bairro e os parentes, que vieram consolar minha mãe até tarde da noite, começaram a ir embora, não só se despediam dela com abraços calorosos como, antes de sair, também se despediam de mim. As mulheres com um beijo na testa, sussurrando "*Poveru figghiu*" [pobre filho]; os homens com um vigoroso aperto de mão, dizendo-me que, caso acontecesse qualquer coisa, eu não hesitasse em pedir ajuda a eles. Antes de sair, muitos deixaram sobre a mesa pacotes de açúcar e de café, como é costume nos bairros de Palermo quando morre alguém.

Nesse meio-tempo, eu via a minha mãe, já grávida de Salvuccio, chorando agarrada ao seu xale preto. E, pela primeira vez, ela me pareceu indefesa.

3 PRIMEIRO DIA DE AULA

DEPOIS DE DEZ MINUTOS, ENTRA O PROFESSOR DE matemática, Sclafani, apelidado de *'u tignusu* [o careca], por causa da calvície. É gorducho e de altura média. Seu guarda-roupa consiste apenas em *jeans* e camisas brancas, cujas mangas estão sempre enroladas acima dos cotovelos, mesmo no inverno. Quando escreve na lousa, ele suja os braços de giz, mas se preocupa tão pouco com isso que muitas vezes apaga a lousa com o pulso, para andar mais rápido com a aula. Tem um ar simpático. Não se faz de grande amigo dos alunos e é bastante severo, mas sorri e muitas vezes também ri com gosto das piadas em classe. É um cara legal, e é por isso que todos o respeitam.

— Oi, 'fessor! E aí, como vai? — grito com alegria assim que ele entra na sala. Eu fico muito contente em revê-lo.

— Rapazes! Bom dia e bom regresso a todos. Sentados, vamos, comportem-se. — Depois continua: — Então, mais um ano letivo que se inicia. Espero que tenham descansado bastante para enfrentá-lo com serenidade. Espero de vocês seriedade e empenho. Estão bem na metade do percurso da *scuola media*. No ano que vem, estarão no terceiro ano, para quem passar, claro. Espero que a atitude de vocês também melhore. Estou falando especialmente com você, Alessandro Caruso. No ano passado, o seu comportamento criou problemas demais. Não vai querer perder mais um ano, espero eu! Já está crescido. Veja, nem cabe mais no espaço entre o assento e o tampo da carteira!

O professor falou de mim. Por que fazer isso já, poucos minutos depois de tocar o primeiro sinal? Está aí uma coisa que não suporto: sempre falam o meu nome! Sou sempre eu a causa de todos os males dessa classe, ou pelo menos é o que todos pensam. É uma coisa que eu odeio! Eles acham que me comportei mal no ano passado? Isso quer dizer que esse ano vai ser pior, e aí vão ver o que significa se comportar realmente mal.

— 'Fessor — respondo eu —, o que você quer? Eu sou assim, é pegar ou largar! — E me levanto para me sentar em cima da carteira.

— Ora, Alessá... — diz ele, impaciente.

Pronto, desafiei você, seu careca. Vamos ver o que responde. Seria o cúmulo me suspender no primeiro dia.

Depois ele continua:

— Não se faça de engraçadinho no primeiro dia de aula. Vamos lá, sente-se comportado como todos os seus colegas — conclui, aparentemente calmo.

Mas está nervoso e com a veia grossa da têmpora saltada.

— 'Fessor, mas o que estou fazendo? Não estou comportado? Foi você que disse que estou grande demais para aquele espacinho mirrado ali — aponto a minha cadeira —, então sento em cima do tampo. Agora estou crescido, 'fessor. Foi você que disse! — E olho para ele com os olhos apertados e um meio-sorriso, como que dizendo: "Cuidado com o que fala".

— Tá bom, fique onde quiser, Alessá! — responde resignado depois de alguns segundos, fazendo um gesto com a mão, como que dizendo: "Tá, tá...".

Ora, ora, penso, o careca é inteligente.

— Obrigado, 'fessor! Você sim é gentil, um professor e tanto! Quer dizer, só falta... o cabelo!

E aponto a careca dele, fazendo um gesto para dizer: "Não tem nada, nem sequer um fio".

A sala explode numa grande risada, parecendo um rugido. Eu me viro e vejo que todos estão rindo, menos Peppuccio, Alfio e Caterina. Chego perto dela e, quase relando o meu nariz na ponta do nariz dela, digo:

— E o que foi, Cateri'? Você é inteligente demais para rir das minhas piadas? E você, Peppuccio... e você, Alfio? Aí estão os três estudiosos da classe. Ei, vocês são finos demais para rirem de uma piada! Mas cedo ou tarde...

Não termino a frase de propósito e, nesse meio-tempo, vejo os olhos apavorados de Alfio.

— Alfinho, belezura da mamãe! Se você se atrever a contar isso para os seus pais como fez no ano passado, juro que vou atormentar tanto você que vai mudar de escola! — sussurro sibilando no seu ouvido, enquanto o vejo empalidecer e suar.

Caterina se intromete:

— Pare com isso, Alessá! Quem você pensa que é? Deixe-o em paz! Não é culpa dele se no ano passado você foi suspenso, e você sabe disso! Vá perguntar ao diretor e ao capô do carro novo dele, que ainda está todo arranhado!

Eu ameaço:

— Cateri', é melhor você cuidar da sua vida!

Mas ela nem se intimida. Levanta num salto e se põe entre mim e Peppuccio:

— Senão o quê?

Ela me desbancou. Não posso bater nela porque é garota, mas, em todo caso, resolvo machucá-la com as palavras:

— Senão eu vou até a rua Porta Messina... falar com a sua mãe!

Cabum! Atingida e afundada!

Todos sabem que a mãe de Caterina trabalha na prostituição e todas as noites fica à espera dos clientes na rua Porta Messina. Não tenho nada contra ela, é uma pobre mulher, abandonada com três crianças pelo marido e sem um tostão. O sacana roubou todas as economias que ela tinha no banco, e por isso, para garantir o sustento da família, ela é obrigada a fazer esse trabalho pesado. É uma mulher muito magra, quase esquelética, que sacrifica as suas refeições para os filhos. O rosto exausto e sofrido perdeu os traços de antigamente e está quase irreconhecível. O meu pai sempre me diz que se prostituir é a atividade mais destrutiva para uma mulher, tanto física quanto moralmente. E muitas vezes ela também precisa lidar com homens bêbados e violentos. Uma manhã, a mãe de Caterina voltou para casa com os dois dentes da frente quebrados e umas manchas roxas no rosto. Desde aquele dia, ficou sem dentes.

No entanto, até cinco anos atrás era a mulher mais bonita do bairro, e todas a invejavam.

Lembro que, quando eu era criança, no momento em que ela passava na rua, as mulheres se agarravam ainda mais no braço dos maridos ou apressavam o passo para evitar que eles a olhassem. Mas não adiantava nada, porque todos a admiravam, até nós, crianças. Principalmente de domingo, quando todo mundo se arrumava bem e ela ficava radiante nas suas roupas elegantes e jamais vulgares. Sempre me dava alguma coisa de presente; balas, um sorvete, um suspiro... Naquela época eu era muito amigo de Caterina. Agora que ela precisa cuidar dos irmãos menores enquanto a mãe está fora, ficou mais severa também consigo mesma. Nunca ri e não socializa muito.

Todas as mulheres do bairro desprezam a mãe de Caterina. Eu não, sinto pena dela. Destinada a uma vida miserável por causa daquele infeliz do ex-marido. O meu pai sempre me ensinou que mulher não se maltrata e sempre se respeita, mesmo nesses casos.

— Você é um lixo! — Caterina me responde, com uma expressão de ódio no rosto.

Tenho certeza de que, se tivesse chance, ela me cuspiria na cara. Não seria a primeira vez. Mas respeita demais os professores e a escola, e por isso não se permite tal coisa na presença do careca.

Caterina considera a escola uma possibilidade de redenção para si e para a família, e por isso estuda dia e noite, noite e dia, para esconjurar o mesmo fim da sua mãe.

Em todo caso, nesse dia consigo neutralizá-la e vejo que ela se acomoda com os braços cruzados, esperando a aula de matemática começar.

PRIMEIRA SEMANA DE ESCOLA: UM TÉDIO MORTAL   4

A ÚNICA COISA POSITIVA NESSA PRIMEIRA SEMANA DE escola é que saímos mais cedo: de resto, é um tédio mortal.

Todos os professores que se sucedem nas aulas repetem as mesmas coisas, ou seja, que este é um ano importante, que devemos melhorar o comportamento e nos empenhar nos estudos.

O que eu realmente não engulo é que cada um deles me aponte o dedo e diga o meu nome ao falar do comportamento da classe. Já falei que parece que sou aqui o único patinho feio da escola?

Para espantar a monotonia, peço várias vezes permissão para ir ao banheiro, e os professores me deixam sair sem nenhum problema. Caso contrário, perturbo tanto a aula que acabam cedendo por desespero.

Tá aí, acho que o termo adequado é este: *desespero*. Deixo os professores em desespero e no fim faço tudo o que quero, exatamente porque eles se desesperam. Ficam cansados. Cansados de mim, de ter que me enfrentar. Cansados de tentar me fazer pensar ou de pôr a minha cabeça no lugar. Mas eu resisto. Não quero me render a ninguém; para mim seria uma derrota, uma vergonha. Penso principalmente na desilusão que o meu pai teria. "Nunca se curve diante de ninguém", me repete sempre.

Não que me agrade ver os professores retorcerem os lábios e revirarem os olhos em sinal de desaprovação toda vez que entro na classe de manhã. Pelo contrário. Pelo menos uma vez eu gostaria de ser o preferido de alguém. Mas, como isso não acontece, decidi que, se não é assim, é só por escolha minha.

Não são os professores que não gostam de mim. Sou eu que os odeio.

Nesta primeira semana, Nella não veio nenhuma vez à escola. Assim, resolvo assuntar no bairro e descubro que ela está fazendo um curso para virar esteticista.

Na quarta de manhã, volto da escola e a vejo fazendo a limpeza no meu prédio; então, paro para conversar um pouco.

— Ei, Nella! Como vai? — Sempre me sinto sem jeito diante dela.

— Oi, Alessá! Vou bem — responde ela continuando a limpar o chão, mas contente em me ver.

— O que aconteceu?! Não vai mais pra escola?

— Não, que nada... Ir pra aquela prisão? Nem me passa pela cabeça. Estou fazendo um curso de esteticista à tarde. Preciso trabalhar, Alessá, e assim ganho tempo. Além disso, gosto dessa área, você sabe. E o que se fala na escola?

— Sempre a mesma coisa. Um tremendo saco! Mas tenho de ir, o meu pai faz questão.

— Aliás, como ele está?

— Bem, que eu saiba. É o cozinheiro da prisão. Cozinha para todos e é muito valorizado — digo com orgulho.

— Ah, com certeza, o molho à bolonhesa que ele faz... ninguém faz igual!

Ela beija a ponta dos dedos e noto que agora usa nas unhas um esmalte vermelho-fogo.

— Nellú, mas o que é isso... agora pinta até as mãos? — pergunto, exasperado de ciúmes, pegando os dedos dela para me certificar do que vi.

— Ê, Alessá! Como você é antiquado! Está pensando o quê, que é o meu pai? — responde ela com ironia.

— Nellú, não ria. Eu não gosto. Todos olham para você, e isso me deixa louco. Quero casar com você! — arrisco eu, rangendo cada vez mais os dentes de raiva.

Era para ser uma declaração de amor, mas, não sei por quê, saiu com um certo ar de prepotência.

— Opa, Alessá, calma aí, não é hora de falar em casamento. Além disso, não quero me casar. Você sabe, depois do que aconteceu com a minha mãe, eu quero ser uma mulher livre! — ela retruca com a mesma veemência. E depois continua: — Não vai ser você a me dizer o que devo ou não devo fazer. Nem você nem ninguém! Ficou claro? E agora vá embora, que o sabão está secando no piso e preciso enxaguar depressa.

Fico chocado, mas o que ela disse faz todo o sentido.

A mãe de Nella foi vítima de abusos do segundo marido. O primeiro, o pai de Nella, morreu de infarto quando ela tinha apenas dois anos. Já o segundo marido batia na mulher e na filha. Era um homem abastado, mas muito ciumento, obcecado com a ideia de que a mãe de Nella nunca podia "aparecer": se maquiar, se vestir de maneira feminina e elegante, ir ao cabeleireiro, usar bijuteria, eram todas coisas proibidas. "Quer que pensem que está me traindo?", gritava toda vez que via a mulher com um pouquinho de maquiagem nos olhos.

Um belo dia, depois de muitos anos, Nella tomou coragem e foi à polícia denunciar o "Monstro", como ela dizia. Depois de várias investigações e graças ao testemunho dos vizinhos, o Monstro foi afastado, com a obrigação de manter distância da mulher e da jovem. Acho que se chama "ordem de restrição".

Nella ficou muito abalada com o que aconteceu. Parece que o trauma pelo qual tinha passado só se manifestou mais tarde, depois de sair daquela situação e voltar a uma vida normal. Mas creio que a coisa que lhe dá mais raiva, ainda hoje, é que a própria mãe a culpa por ter tomado aquela atitude. A mãe de Nella, acreditem ou não, amava aquele Monstro com um amor incondicional, cego, submisso, louco. Sempre confidencia às vizinhas, inclusive à minha mãe, que se sente sozinha em comparação à época em que ele estava em casa. "Pelo menos tínhamos um homem que nos protegia", são as suas palavras.

Apesar do afastamento do Monstro, ela continua a não *cunzarsi* [se cuidar] como mulher. Pelo contrário, até adotou o costume de se vestir de preto, como se estivesse de luto.

A novata

5

HOJE TEMOS UMA GRANDE NOVIDADE. DURANTE A AULA de inglês, enquanto a professora D'Anna nos faz ouvir no seu computador um diálogo em que um rapaz convida uma moça para ir ao cinema, para ver sei lá que filme, Maniscalco, isto é, a vice-diretora, bate à porta. Todos se viram para mim e eu mesmo penso: "E agora, que diabos ela quer de mim?". Mas ela vem acompanhada por uma mulher muito jovem e de ar sério.

— Bom dia, pessoal. Sentem-se — diz Maniscalco, apontando as cadeiras.

Todos tinham se levantado, menos eu, claro. "Nunca se curvar diante de ninguém."

— Finalmente a Comissão de Estudos nos mandou uma professora de ciências humanas. Apresento a vocês a professora Mara De Lisi. A partir de amanhã, ela dará aulas de italiano, história e geografia para a turma. Passarão muitas horas com ela, portanto espero disciplina.

Em coro, todos cumprimentam a nova profe que, nesse meio-tempo, sorri.

Mas de mim escapa um:

— *Matruzza mia, che bona che è!* [Caramba, que mulherão!]

Quem ouviu se vira para mim com os olhos arregalados. Por sorte, a frase me escapou enquanto os colegas a cumprimentavam com voz trovejante, e por isso espero que a minha avaliação não tenha chegado aos ouvidos dela. O rosto antes sorridente da nova professora fica sério. Então talvez, talvez... mas não, como poderia ter ouvido?

— Bom dia a todos — diz com voz firme. — Disseram-me que começaremos amanhã. Então, por favor, apresentem-se com três cadernos grandes pautados, um para história, um para geografia e um para o italiano. Ah, e naturalmente tragam os seus livros de gramática e de prática de leitura.

— Mas, 'fessora, está pensando o quê, que somos filhos de gente VIP? Grana, aqui não tem! Os cadernos grandes, ainda vá lá, mas livro, quem é que já viu?

É Paolo que está falando, mas todos concordam, porque o que ele disse é a mais pura verdade. Os únicos entre nós que têm livros são Giulia, Anna, Sofia e Davide. São filhos de funcionários, quer dizer, de pessoas que trabalham com contrato e salário fixo. Não são ricos, mas quando precisam de alguma coisa são os primeiros a conseguir. Os outros pais se viram com serviços informais, não registrados e geralmente mal pagos.

Giulia levanta a mão.

— Diga, Giulia — concede a vice-diretora.

— Profe, eu, Davide, Anna e Sofia temos os livros. Podemos trazer.

— Está bem, obrigada. Embora sejam quatro textos, creio que a professora De Lisi fará o possível para que sejam suficientes. Não é, professora? — pergunta, virando-se para ela.

—Bom, sim... serão suficientes — responde a nova profe, em tom de incerteza.

— Muito bem. Podemos ir e definir as últimas coisas. Bom trabalho, meninos! — conclui a vice-diretora e sai com a jovem docente.

Todos se levantam outra vez, mas eu continuo sentado, abaixo a viseira do meu boné vermelho, arrasto a cadeira para tocar com o encosto na parede, levanto as pernas e apoio os pés cruzados em cima da carteira. Termino o dia assim. Hoje estou entediado e não tenho vontade de fazer nada.

Amanhã, veremos.

Tentativas Fracassadas 6

HOJE É TERÇA-FEIRA E DE LISI ENTRA COM PASSO DE- cidido às oito horas, cinco minutos antes de tocar o sinal. Ao entrarmos, já a encontramos sentada com o livro de presença aberto, no intuito de copiar os nossos nomes e sobrenomes.

Em cada carteira, uma folha para cada um de nós.

Entram todos com a habitual balbúrdia às oito e cinco. Quanto a mim, entro às oito e quinze, com o ar calmo e decidido de que quem manda nesta classe sou eu.

A nova professora precisa entender desde já que posso fazer o que eu quiser.

Quando entro, ela já fez a chamada e está rubricando as justificativas dos que faltaram no dia anterior. Fecho a porta com menos entusiasmo do que o habitual e, ainda com os óculos escuros azuis espelhados e o boné com viseira, sigo em frente e vou direto ao meu lugar, sempre ao lado de Paolo.

— Já não era sem tempo. Você é...? — me pergunta a profe.

— Bom dia para a senhora, 'fessora. Eu me chamo Alessandro Caruso e estou presente — respondo com um sorriso alegre, mas fanfarrão.

— Alessandro... Bom. Como primeira coisa, gostaria que você tirasse os óculos escuros na classe e, se precisar mesmo mascar chiclete, peço que masque com mais discrição. Obrigada.

Fica à espera de que eu execute as ordens.

— Vá lá, mas só porque hoje é o seu primeiro dia, 'fessora.

Assim, tiro os óculos e levanto a viseira do boné, antes abaixada até as sobrancelhas. Depois, me levanto e vou até o cesto de lixo ao lado da mesa da professora para jogar o chiclete, sob o olhar incrédulo dos colegas.

Ainda não entenderam que não é submissão minha, só quero ser gentil.

A professora é muito jovem e bonita, e não quero que ela também pense que sou o pior da classe quanto ao comportamento.

— Pronto, 'fessora, joguei também o chiclete. O.k.? — pergunto, abrindo os braços.

— Sim, está melhor. Agora, Alessandro, justamente porque hoje é o meu primeiro dia de trabalho nesta escola, deixo você entrar apesar dos seus dez minutos de atraso. Mas, a partir de amanhã, procure ser pontual e, acima de tudo... gostaria que, entrando na sala, você cumprimentasse a mim e aos colegas. Acha que isso seria um problema para você?

Por que essa pergunta retórica? Não entendo. Parece mais uma ironia do que uma pergunta de verdade. Com certeza, os outros profes e aquela vaca da vice-diretora falaram de mim para ela, e agora ela está prevenida em relação a mim. Só pode ter sido isso. Não pode ser por minha causa, eu fui gentil. Fiz o que me pediu: os óculos, o chiclete...

Maldita vice-diretora, sempre queimando o meu filme!

Continuo perplexo, mas fico em guarda. Não ataco, espero o próximo movimento dela para entender como estão as coisas.

— Posso ver se consigo, mas não lhe garanto nada — respondo.

Depois, pego no bolso o pacote de chicletes e ponho um novo na boca. Ela percebe, mas faz que não vê.

— Muito bem — responde e, depois de um longo suspiro, se dirige à classe. — Em cima da carteira, vocês vão encontrar uma ficha para cada um. É um teste para verificar os seus conhecimentos e habilidades linguísticas. Não vai valer nota; vai me servir simplesmente para saber o nível em que estão e, consequentemente, por qual parte do programa devo começar. Assim, peço que não colem, não soprem e se esforcem um pouquinho. Repito: o teste não vai valer nota. Não usem lápis, só caneta azul ou preta. Nada de canetas coloridas, marcadores ou pincéis atômicos. Nada de coraçõezinhos, desenhinhos ou textos inapropriados. Se acharem que erraram, risquem a resposta errada e escrevam ao lado a que pensam ser correta. Vocês têm uma hora. Bom trabalho a todos.

Ela se levanta para circular entre as carteiras e verificar se todos estão seguindo as instruções.

Como sempre, aqueles certinhos inveterados, Giulia, Anna, Sofia e Davide, começam imediatamente, enterrando o nariz no papel. Caterina hesita um instante, depois também começa. Ciccio, Paolo e Viciú, porém, olham para mim, como que perguntando: "O que devemos fazer?". Dou de ombros, pego a caneta e começo a dar uma primeira olhada no teste. Há um trecho para leitura, algumas perguntas de interpretação de texto e outras de gramática. Acho que consigo fazer, talvez deixando as perguntas de gramática que, numa primeira leitura, me parecem pertencer a outra língua. As de compreensão do texto, porém, me parecem possíveis. Assim, apoio os cotovelos na carteira, me inclino e leio o trecho, acompanhado por Paolo e depois por Ciccio e Viciú.

Título do texto: *O manto de Penélope*. Fala de um tal Ulisses, que não tinha voltado para casa, na ilha de Ítaca, por causa dos deuses que, despeitados com a astúcia dele, decidiram atrapalhar a sua viagem de regresso com mil incidentes, como temporais e naufrágios. Enquanto isso, a esposa Penélope, que já havia passado muitos anos esperando o retorno do marido, recebeu a imposição de se casar com outro homem. De fato, agora todos na ilha acreditavam que Ulisses tinha morrido e que algum outro devia tomar o seu lugar ao lado da rainha. E o que fez Penélope? Anunciou que se casaria tão logo terminasse de tecer o seu manto. Foi uma coisa muito astuta, porque, de dia, a rainha tecia o manto na frente de todos e, à noite, desmanchava o que tinha feito, e assim deixou passar muito tempo até que Ulisses voltou para casa, depois de vinte anos de ausência. E viveram todos felizes etc. etc. etc.

Acabo de ler a história, agradável embora comprida, e inevitavelmente o meu pensamento vai para Nella. Gostaria muito que ela me amasse como Penélope ama Ulisses e que me esperasse até eu estar pronto para me casar com ela.

Fecho e aperto os olhos duas vezes, como que para afastar esse pensamento fora de hora, e passo para as perguntas de compreensão, do tipo: quem é o protagonista, quem é o antagonista, em que consiste a astúcia de Penélope etc.

Fáceis.

Respondo num piscar de olhos, mas, ao tentar escrever as respostas, percebo que tenho alguns probleminhas com o italiano, acostumado que estou a falar em dialeto.

Por isso dou uma batidinha na cadeira de Peppuccio, que fica bem na minha frente.

— *Psss, Peppú*, me passe as respostas das perguntas 1 a 10.

Claro que não é um pedido, e sim uma ordem. Mas ele me ignora e continua de costas para mim.

— Ei, Peppuccio, não ouviu? Me dê as respostas! — repito, desta vez com um sussurro mais forte.

Mas ele, nada ainda.

Fervo de raiva. Não é mais uma questão de tarefa, mas uma questão pessoal. Como ter coragem de me ignorar num momento como esse? Então me levanto pela metade do corpo e lhe dou um tabefe bem forte e sonoro. Ele grita um "Aaai!" tão alto que De Lisi ergue os olhos do livro de presença novo e reluzente no qual está transcrevendo a lista dos nomes da turma. Depois, ao notar que Peppuccio está esfregando a nuca, levanta-se e se aproxima.

Eu observo, imóvel.

— Como você se chama? — pergunta a ele.

— Giuseppe Marci, mas todos me chamam de Peppuccio — responde ele, com os olhos baixos.

— O que aconteceu? Por que está com a mão na nuca e o que foi aquele grito? — pergunta, olhando uma vez para mim e uma vez para ele. Agora é certeza, essa é a confirmação: aquele demônio da Maniscalco falou de mim para De Lisi.

— Bem... É, eu...

Peppuccio gagueja, mas, se falar, juro que vai se ver comigo fora da escola.

— Nada, um inseto me picou, professora — responde por fim.

Mas De Lisi não está convencida e troca Ciccio e Peppuccio de lugar. Vá se catar! Realmente, dessa eu não precisava.

Mas, afinal, quem liga para a tarefa? Que se dane a bela e jovem De Lisi.

— Acabei, 'fessora! — E me levanto para entregar a tarefa.

— Mas... está tudo em branco. Não respondeu a nenhuma pergunta. Como é isso?

— Não estou a fim, só isso! E Ulisses que está fora... Penélope que o espera.... Se ela tivesse me encontrado, a bela rainha nunca que ia esperar o herói dela! Não mesmo! — respondo, enquanto volto para o meu lugar.

Risos (abafados, mas risos).

— Alessandro Caruso, tente ser menos engraçadinho e se comporte com seriedade. Pegue a cadeira e se ponha aqui ao meu lado, eu vou lhe dar uma ajudinha — responde-me com ar solícito, esperando que eu cumpra as suas ordens como um soldadinho.

Uma ajudinha? A cadeira ao lado da mesa? Mas quem ela acha que eu sou, um idiota?

Eu me levanto e me aproximo, então paro no meio da sala e lhe digo:

— 'Fessora, quer me ajudar, é isso? Mas por quê? O burro aqui não sou eu, é Nanni, *'u malatu*.

E me viro na direção do colega com deficiência, dando-lhe um beliscão dolorido, que aos olhos da profe deveria parecer afetuoso. Mas ela é esperta e percebe que eu queria machucá-lo.

— Alessandro Caruso, agora chega! — grita para mim, depois de se levantar da cadeira num salto. — Volte já para o seu lugar e procure se acalmar!

— Sim, senhora, sim! — solto a frase do soldado que recebe ordens e vou me sentar, entre os risinhos abafados da classe.

A segunda e a terceira aula passam devagar com o professor Sclafani. Ao final das duas aulas, toca o sinal do recreio e Peppuccio não tem tempo de ir ao banheiro para se livrar de mim, pois barro a sua passagem entre as carteiras.

— Aonde pensa que vai, seu traidor? — Pego-o por um braço e o obrigo à força a se sentar no meu lugar.

Ciccio, Paolo e Viciú se colocam na frente para obstruir a visão do profe.

— Por que não me passou as respostas? Fale.

Espeto entre seus olhos uma caneta esferográfica sem tampa que seguro firme na mão fechada.

— Não... não ouvi você — responde-me com um fio de voz.

— Ah, é? Vamos ver se agora me ouve: esvazie os bolsos e me dê o seu sanduíche!

Ele pega os poucos trocados nos bolsos. Depois me aponta o sanduíche debaixo da carteira. Pego e desembrulho, rasgando o papel, que cai no chão em muitos pedacinhos.

— Vejamos o que a mamãezinha preparou para você. Pão e mortadela... muito bem, muito bem. Eu estava mesmo com um pouco de fome. Paolo, quer dividir comigo?

Paolo faz sinal que sim com a cabeça, e divido o sanduíche com as mãos. Dou metade para Paolo, que prontamente dá uma mordida, e a outra metade fica para mim.

— Sabe de uma coisa? — pergunto-lhe com ar fingido. — Não estou com vontade de mortadela. Diga para a sua mãe que amanhã me prepare um sanduíche com salame. Está claro?

Peppuccio, banhado de suor, concorda, enquanto me aproximo do cesto de lixo e, com um arremesso à distância, faço cesta com o meio sanduíche. Ovação dos meus três amigos. Abro os braços e imito um avião passando entre as carteiras em sinal de vitória, como um jogador de futebol que comemora o gol.

O sinal toca logo a seguir, voltamos todos para os nossos lugares. De Lisi, pontual, entra de novo na classe e substitui Sclafani, que a olha embaraçado.

Que dia é hoje? 7

QUANDO DE LISI RETORNA, ENCONTRA A CLASSE EM pleno caos, como sempre acontece depois das duas primeiras aulas. Há também a auxiliar de ensino, que tenta trabalhar com Nanni, sentada ao lado dele.

Com voz firme, De Lisi nos pede que fiquemos quietos e comportados. Mas que nada, a turma ainda está eufórica demais com uma recreação à base de música e dancinhas variadas.

Dou uma olhada panorâmica nos colegas e é isto o que vejo: Walter mostra alguns passos de dança caribenha para Danilo, que, enquanto isso, bate palmas e o incentiva a continuar; Ciccio despedaça a borracha tipo massinha de Alfio e, depois de fazer algumas bolinhas, atira-as com força contra ele na clara intenção de acertar os seus olhos; enquanto a auxiliar de ensino lê um texto para Nanni, ele umedece bolinhas de papel com a saliva, coloca dentro de uma caneta esferográfica vazia e depois assopra para atingir Carlotta; Carlotta se protege dos disparos de Nanni com o cabelo comprido, as mãos e os braços.

Eu? Divirto-me diante desse cenário caótico.

E De Lisi? Olho na direção dela e a vejo literalmente petrificada! Dos seus olhos irradia uma incredulidade misturada com raiva.

A certa altura, vejo que ela estufa o peito para ganhar fôlego, compreendo e tampo os ouvidos: o vulcão está prestes a entrar em erupção.

E de fato:

— CHEGAAAA! O que está havendo com vocês? CHEGA! CHEGA! CHEGA!

Bate com força o livro de chamada várias vezes na borda da mesa. *Bum, bum, bum, bum!* Ao mesmo tempo, grita tanto que, depois de alguns segundos, desaba na cadeira e, antes vermelha, então empalidece e diz que está passando mal.

Caterina é a primeira a entender e grita:

— Gente, abram logo as janelas e chamem o bedel! A professora está passando mal!

Paolo e Davide abrem as duas janelas da sala, enquanto Danilo sai correndo para chamar o bedel, que entra trazendo gelo e água fresca.

Alguns minutos depois, De Lisi se recupera, mas precisa vir aquela cara de porco da vice-diretora para restabelecer a ordem. A profe explica o motivo dos seus gritos e se desculpa, dizendo que é a primeira vez que isso lhe acontece e que nunca tinha gritado tanto na vida.

Depois de uma solene bronca, a vice-diretora Maniscalco se despede com estas palavras:

— Então, pessoal. Vamos tentar ficar tranquilos, o.k.? Que nunca mais se repita o que acabou de acontecer. Tenham respeito pela nova professora. Procurem aprender com os novos encontros, com as pessoas que entram na vida de vocês por mero acaso. Deem uma chance para vocês mesmos. Muitos professores fugiram dessa turma por causa da indisciplina. E vocês sabem disso. Mas sinto que com a professora De Lisi pode ser diferente. Repito, deem uma chance a si mesmos. Abram-se ao diálogo e acolham as novidades. Não se fechem, não se blindem, pois, quando a escola terminar e muitos de vocês interromperem os estudos por motivos familiares, essas ocasiões nunca mais voltarão. Acreditem em mim. É assim que acontece.

Terminado o seu discurso, que todos nós já sabemos de cor porque ela o desfia diante de todo professor que tem uma espécie de crise de nervos depois de poucas horas de aula na nossa classe, a vice-diretora troca um olhar com De Lisi, que sorri com gratidão. Então sai, fechando a porta atrás de si.

Segundos de silêncio que parecem horas.

Depois, De Lisi me pede para distribuir os testes que nos deu na primeira aula. Ela teve duas horas livres, e por isso corrigiu-os na sala dos professores. Surpreso com esse encargo, levanto-me e pego os exames que ela me estende. Jogo-os com má vontade para os colegas e vejo que realmente não há nota. Pelo menos a novata respeita a palavra dada.

A minha tarefa não tem marcas em vermelho, pois não escrevi nada. A aula se passa assim, corrigindo os erros dos meus colegas.

Há, porém, uma novidade, que se chama *autoavaliação*.

— Imaginem que vocês mesmos têm de avaliar as suas tarefas. Que nota dariam? Pensem e escrevam a nota a lápis no verso do teste.

A profe também me pede, mas é claro que a minha vale zero. Zero respostas, zero pontos. Mas não escrevo isso. Não tenho vontade de me *autoavaliar* como uma nulidade.

— Se tiverem terminado, Alessandro pode recolher as tarefas — diz ela.

De novo eu. Por quê? Uma sensação estranha; antes dela, nunca ninguém na escola tinha me atribuído um papel, um encargo. O que a professora terá em mente?

Tento pensar em outra coisa. Ah, sim, o futebol de salão. Quando é... quarta ou quinta-feira?

Hum, não lembro.

— Pessoal, que dia é hoje? — pergunto, enquanto circulo entre as carteiras para recolher as tarefas, como a profe me pediu.

— Terça. Hoje é terça — responde Nanni, o doente.

Quer ver que ele sabe que dia é hoje, e eu não? Que nada, é inconcebível!

— Não — retruco —, é quarta!

— É terça-feira, estou lhe dizendo, Alessá — insiste ele.

— Quarta! Hoje é quarta-feira, entendeu? *'U capisti?* [Entendeu?]

Eu me aproximo e levanto levemente a voz. Tenho certeza de que é quarta-feira. Por que ele insiste?

— Não, é terça — ele rebate com o rosto tomado de medo.

Não suporto o cara! Quer ver que agora o retardado sou eu? Ele é que se permite me contradizer e, além do mais, na frente da profe e de todos os colegas. A raiva toma conta de mim, não consigo controlá-la. Ciccio percebe, pois vê a minha cara vermelha e as veias do pescoço inchadas, como me diz depois.

Jogo as tarefas para o alto e me lanço contra Nanni. Derrubo-o da cadeira e o agarro pelo pescoço.

— Ei, *scimunitu* [imbecil], falei que é quarta-feira e é quarta-feira! *'U capisti? 'U capisti?* ['Tendeu? Entendeu?] — grito, cuspindo na cara dele.

De Lisi se atira em cima de mim e me separa à força de Nanni, ajudada por Paolo e Ciccio, enquanto Viciú afrouxa o meu aperto no pescoço do colega.

— Alessá, solte-o! *Lassalu! Ma chi ti pigghiò? Lassalu, Alessa'!* [Solte-o! Mas o que deu em você? Solta ele, Alessá!] — grita Viciú, enquanto agarra os meus braços e com um puxão me afasta de Nanni.

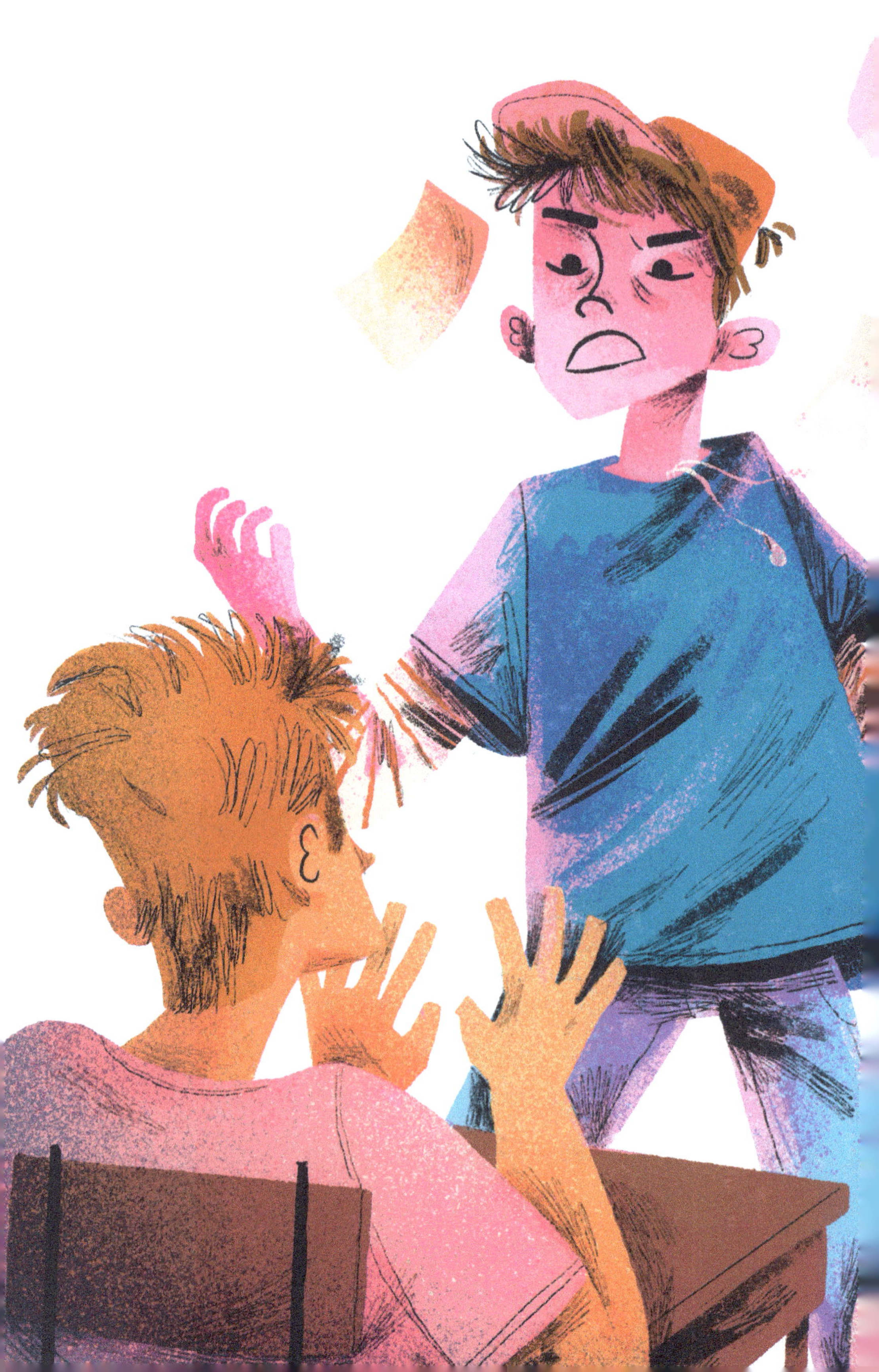

— Chega, Alessandro. Acalme-se. Acalme-se, por favor! — Ouço a profe falar e viro-me de repente para ela. Observo por alguns segundos o que acabou de acontecer. Devagarinho a raiva vai embora.

Nanni chora com as mãos no rosto, continuando a dizer com um fio de voz embargada:

— É terça, não quarta. E não sou *scimunitu*. Sou só um pouco lento.

Nesse meio-tempo, Ciccio o ajuda a se levantar, enquanto Viciú ainda me segura pelos braços.

— Vamos, Nanni. Levante-se. Já acabou. Sente-se, pronto, assim, muito bem — Ciccio o tranquiliza.

Vejo os olhos arregalados e aterrorizados de todos os colegas, inclusive os de Paolo e Ciccio, que se mantêm longe de mim. De Lisi está com um rasgão na blusa, e noto alguns fios de algodão da mesma cor pendendo no canto da carteira ao lado.

— Ei, gente, não aconteceu nada! Está tudo bem! Solte os meus braços, Viciú — digo sorrindo, como se não fosse nada. Toca o sinal do fim da quarta aula.

— 'Fessora, posso ir ao banheiro?

LONGE DE SER UM "HOMEM ÍNTEGRO"

8

QUANDO VOLTO PARA CASA, FICO SABENDO QUE DE LISI convocou a minha mãe para o dia seguinte.

— Quer me conhecer, ela disse. O que mais você aprontou, Alessá? Diga! — pergunta a minha mãe, com firmeza.

Como explicar a ela que de repente me senti tomado pela raiva e que essa raiva pôs em movimento um mecanismo incontrolável e autônomo dentro de mim, que me levou a agredir o meu colega? Como explicar que isso aconteceu só porque ele me contradisse numa questão boba? Caramba! Agredir um colega com deficiência! Bastava ter olhado no calendário pendurado atrás da porta da classe. Mas por que não pensei nisso nem por um nanossegundo, antes de arrumar essa tremenda confusão?

Como dizer para a minha mãe que não consegui ter autocontrole, aquilo que o meu pai e o meu avô dizem ser absolutamente indispensável num "homem de verdade, íntegro"?

O meu pai e o meu avô, eles sim é que são, e o meu irmão Mimmo também será, tenho certeza. Já está no bom caminho. Eu, pelo contrário, estou bem longe. Percebo a distância entre mim, o meu pai e o meu avô. Eles sim é que são *machos sicilianos*, os verdadeiros *cavalheiros*. Os machos da família Caruso nunca são atormentados, nunca são desbocados. São de poucas palavras, tratam bem as pessoas. Todas elas, sem distinção. Nunca dizem uma palavra que possa ofender alguém. São calmos, mesmo que estejam pegando fogo por dentro. Comedidos, mesmo se uma lava incandescente os afligir.

Mesmo quando foi preso em plena noite, o meu pai não disse nada e, na verdade, foi gentil com os policiais. Já eu sentia crescer uma raiva dentro de mim de um jeito que poderia me levar a fazer uma besteira.

Não, não sou como eles e, provavelmente, sou o *fracasso* dos meus pais. Qualquer atitude de desafio, qualquer provocação me deixa louco. É uma coisa que não consigo administrar, pelo menos por enquanto.

Mas como explicar tudo isso para a minha mãe? Impossível. Não sou capaz.

— Nada, mãe — respondo irritado, pronto para explodir.
— Como, nada? E como é possível que a professora me convoque por nada depois do primeiro dia de aula? Alessá, tome cuidado, viu? Pois, se eu vier a descobrir coisas que desonram a nossa família, acabo com você! Entendeu, Alessá? Acabo com você com as minhas próprias mãos! Vou também para a cadeia, mas, ao contrário do seu pai, vou por um motivo verdadeiro! — grita e me ameaça, com a colher de pau suja de molho na mão.

— Pô, mã', falei que não é nada e não é nada! E não se atreva mais a falar assim comigo, ou vou contar para o meu pai! — sou eu que aviso desta vez.

E, embora já tenha me arrependido das minhas palavras, não paro e arranco a colher da sua mão para jogá-la com violência sobre a mesa da cozinha. O molho, devido à pancada, espirra para todos os lados, caindo até no cabelo de Salvuccio.

Não gosto de brigar com a minha mãe. Está cansada e sozinha, com três filhos homens que não são fáceis de administrar. Mas, no minuto em que ela fala do meu pai e do fato de ele estar na prisão, o meu sangue ferve. Assim, sem mostrar o meu remorso, viro as costas e vou embora, entre o choro de Salvuccio e o olhar desapontado de Mimmo.

— E você, o que quer, seu cabeça de bagre?

Dou-lhe um empurrão forte com o ombro e me tranco no meu quarto.

— Não fale assim com os seus irmãos, Alessandro! Entendeu? Não se atreva mais a falar assim com os seus irmãos! Temos de ficar todos unidos, agora mais do que nunca, entendido?

Ouço quando ela se joga exausta na poltrona do meu pai, aquela bem na frente da televisão, e soluça.

— Mamãe, vamos. Não ligue. Você sabe que Alessandro é desse jeito. Foi quem mais sofreu com o afastamento do papai e está nervoso.

— Sim, eu sei, Mimmuccio, meu lindo. Eu sei.

Nesse ponto, ligo o rádio e abafo com a música alta as palavras desesperadas que vêm da cozinha. Atiro-me na cama e, com as mãos cruzadas atrás da nuca e os olhos fixos no teto, tento pensar em Nella.

LEMBRANÇAS AMORTECIDAS

9

NO DIA SEGUINTE VOU PARA A ESCOLA, MAS MANTENHO distância da minha mãe. Não quero que os meus colegas me vejam acompanhado da mamãezinha, como uma criança de três anos.

Ao som do sinal, subo as escadas para entrar na sala, desta vez pontual. A minha mãe, entretanto, fica no pátio e pede para avisarem De Lisi. Está com o meu irmão Salvuccio no colo, que, provavelmente devido à novidade do ambiente, está bem tranquilo e observa os detalhes com olhos excitados. Depois de meia hora de aula, o bedel me chama e me acompanha até a biblioteca, onde encontro a minha mãe ocupada em enxugar as lágrimas e Salvuccio no colo da professora.

Não gosto nem um pouco de ver a minha mãe chorar. O meu pai nunca a fez derramar uma lágrima, que eu me lembre, a não ser aquelas desesperadas na noite em que foi capturado pelos policiais. Mas, nesse caso, não foi culpa dele. Desde que o meu pai foi embora, ela chora com frequência, chora tanto que está sempre com olheiras roxas bem visíveis no rosto.

Entro mais irritado do que nunca, porque já sei como vai terminar: a profe me censurando na frente da minha mãe, e a minha mãe me dizendo que sou o patinho feio da casa. Que chatice!

— Alessandro, bom dia. Acomode-se aqui conosco.

A professora me indica uma cadeira entre ela e a minha mãe, e eu me sento.

Estamos num círculo e isso me deixa nervoso, porque assim sou obrigado a olhá-las nos olhos enquanto falam.

— Alessandro, eu estava justamente dizendo à sua mãe as potencialidades que você tem, na minha opinião. Mas a sua atitude o prejudica muito. Olhe para mim, por favor, quando estou falando com você. Ouvi coisas terríveis a seu respeito, mas não quero acreditar nisso. E sabe por quê? Porque acho que todos devem ter oportunidades. Sou nova, você não me conhece e eu não o conheço. Por isso, comigo você tem a chance de recomeçar do zero. O que não é uma coisa ruim, pelo contrário. É como ter uma segunda oportunidade.

— Professora, me ouça — começo com um pouco de arrogância, tentando fazer que ela entenda que já sou um homem, e não uma criança a ser repreendida —, sobre o que aconteceu com Nanni...

— Por quê, o que aconteceu? O que você fez para aquele coitado *figghiu di matri* [filho de uma boa mãe]? Me diga! — pergunta a minha mãe, pulando da cadeira assim que ouve o nome de Nanni.

Então a profe não tinha dito nada a ela?

— Nada, senhora Caruso. Fique tranquila. Não aconteceu nada de grave. Só um debate sobre qual era o dia da semana. Mas já está tudo certo.

Depois, dirigindo-se a mim:

— Continue, Alessandro. O que estava dizendo?

— Nada, professora. Nada — respondo, esperando que tudo termine ali.

Mas a conversa continua por mais uma meia hora e, enquanto De Lisi fala do meu desempenho escolar e de quanto eu poderia fazer se me empenhasse um pouquinho, sinto *formigas na cadeira*, que é uma maneira de dizer que não aguento mais ficar sentado ouvindo a lenga-lenga de sempre, sem parar, sem parar, sem parar.

Resumindo, aprontei uma daquelas. E, enquanto a minha mãe e a professora conversam, pela primeira vez penso seriamente no fato de não conseguir lembrar quase nada da briga com Nanni. Quanto mais me esforço, mais percebo um vazio, uma névoa, *flashes*, luzes. Fragmentos esparsos girando na minha cabeça.

Palavras, ecos, estrondos. Trechos de cenas: mãos, braços que me puxam, gritos, olhos apavorados, chão, carteiras, banco, choros, lágrimas, fios de algodão. Um mal-estar geral meu, depois confusão, por fim orgulho...

Lembranças amortecidas, embaçadas. Sensações afogadas na minha fúria cega.

Na minha mente, fico bem pequenininho e percebo que pode haver em mim, *talvez*, *talvez*, algo que não está muito certo. Mas, diante desse pensamento terrível, fecho e aperto os olhos duas vezes para afastá-lo e retomo a minha atitude de sempre.

Quando volto para a classe, Ciccio, Paolo e Viciú me perguntam o que aconteceu.

— Nada, gente. E o que poderia acontecer com Alessandro Caruso? — respondo, presunçoso.

Apesar disso, volto a pensar no que aconteceu naqueles minutos intermináveis com a minha mãe e a professora, e nem eu entendo mais nada. Sinto-me atordoado e, assim, fico quieto sentado no meu lugar, sem atrapalhar as aulas.

Hoje não estou a fim de aprontar.

Tenho preocupações demais reverberando na minha cabeça.

Calma sem graça

10

TOCA O SINAL DE FIM DO RECREIO E COMEÇO DA QUARTA aula. Diferente de ontem, apesar do vozerio incessante, estamos mais ou menos todos sentados em nossos lugares.

De Lisi entra pontual, como sempre, e se senta à mesa. Percebo que não me olha, poupando-me do constrangimento pela nossa conversa. Depois disso, tira um livro de um saquinho de pano macio. Mas não é um livro de escola, um

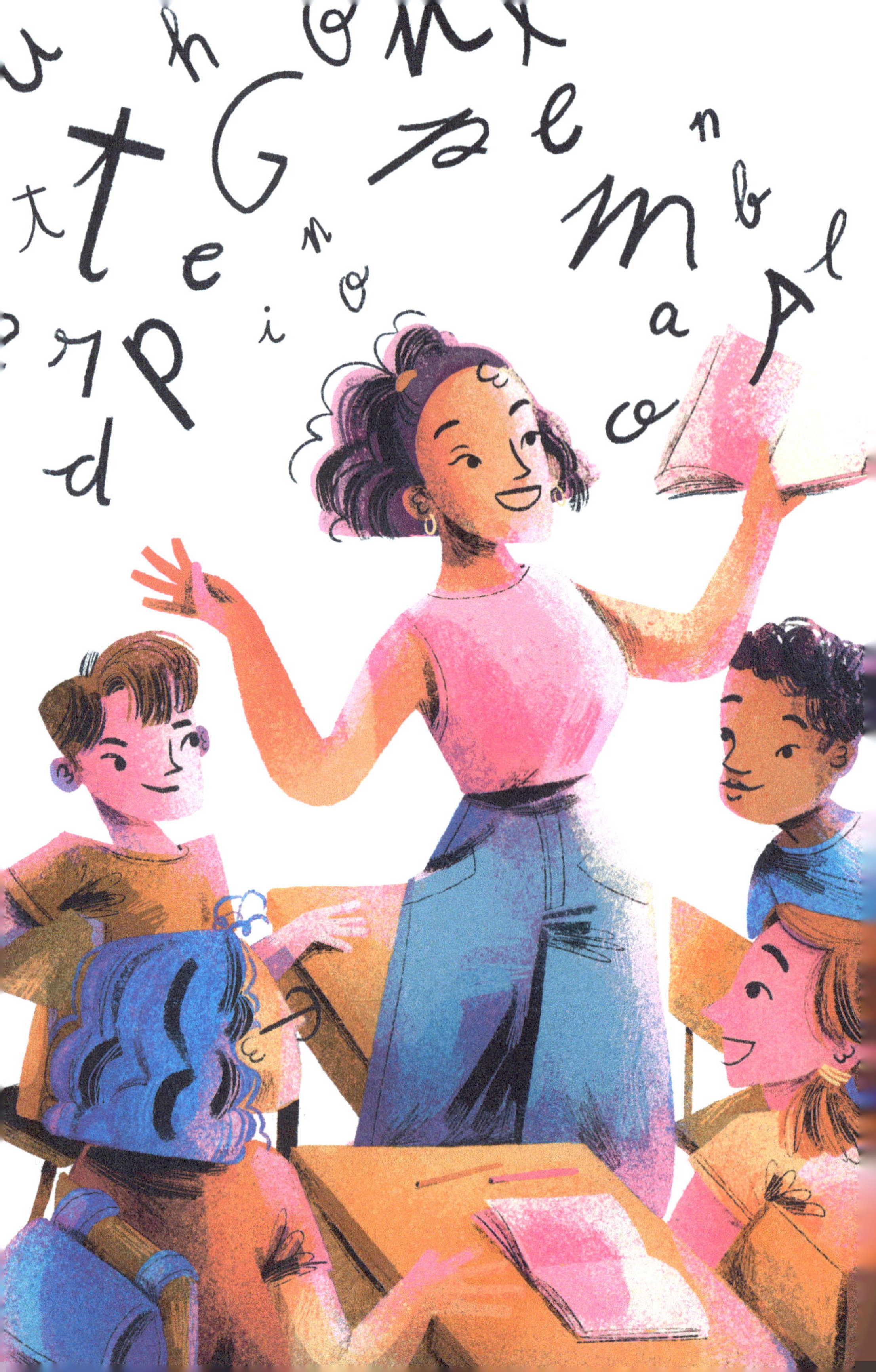

daqueles chatíssimos que ninguém quer estudar. Não. É um livro do tamanho de um caderno de presença, mas menos volumoso, com menos páginas. Na capa, dura e colorida, aparece um rapazinho remexendo um líquido borbulhante dentro de um panelão enorme.

De repente, a profe se levanta com o livro na mão. Vai até a porta, mas não sai, como todos pensamos. Estende a mão até o interruptor e... apaga a luz!

Ela faz isso diante do olhar desconcertado de todos os alunos, inclusive do meu.

Em seguida, vai para o centro da sala em silêncio, abre o livro, vira as primeiras páginas, solta um suspiro profundo e, com voz suave, começa a ler.

Depois de poucos minutos, a turma está totalmente absorta ouvindo aquela história extraordinária, cheia de suspense e tão cômica que nos leva às gargalhadas.

Dou uma olhada nos colegas e vejo que estão como que petrificados diante de um encantador de serpentes. Eu também estou e, pela primeira vez, não peço para ir ao banheiro. Sinto-me grudado na cadeira por causa do enredo.

A professora está fazendo uma coisa que nunca ninguém fizera naquela classe: ler para nós.

Graças às suas interpretações das vozes, às suas expressões e aos seus gestos, conseguimos imaginar as cenas. Estamos como que enfeitiçados pela história, pelo personagem e pelo que aquele rapazinho apronta.

Conseguimos fazer com que ela não pare. No final de cada capítulo, ela tenta em vão, dizendo:

— Já está bom, pessoal. Por hoje, acho que chega!

Mas os nossos "naããão", longos e desiludidos, a fazem reabrir o livro e continuar.

A certa altura da história, me levanto e vejo a professora parar com uma expressão interrogativa. Talvez esteja esperando que eu apronte uma das minhas. E, no entanto, vou me sentar na primeira carteira, onde há um lugar vago porque Danilo faltou.

Pela primeira vez, sinto pertencer àquela classe. Sinto-me à vontade. Viro e vejo os olhos de Caterina cheios de entusiasmo.

Passam-se uns dez dias assim. A professora nos lê outros livros de Roald Dahl. Depois de *O remédio maravilhoso de Jorge* passa para *Os pestes*, então para *James e o pêssego gigante* e, por fim, para *A fantástica fábrica de chocolate*.

Esse senhor Ronald Dahl sem dúvida escreveu histórias divertidas e cativantes. Deve ser também rico e famoso. Vai saber quanto ele ganha. Além disso, os protagonistas das suas histórias são sempre uns rapazinhos espertos, inteligentes e muitas vezes até maliciosos. Resumindo, uma grande diversão!

Terminando o último livro, De Lisi nos comunica que continuará a ler para nós, mas com menos frequência, isto é, somente uma hora por semana, para deixar espaço para o estudo das suas matérias. Isso desagradou muito a todos nós, mas aceitamos, protestando.

A profe consegue acompanhar bem a todos, mesmo Nanni, quando a auxiliar de ensino falta, e até Danilo, um rapazinho gorduchinho que tem alguns problemas para ler. Chamam de "distúrbio específico de aprendizagem e dislexia", mas eu, mesmo não conhecendo o significado preciso do termo, me convenci de que Danilo é um pouco... levemente, não totalmente... idiota! Em todo caso, fico incomodado que De Lisi lhe dê toda aquela atenção. Repito, ela acompanha a todos, de modo especial Danilo, o idiota, Nanni, o doente, e também Caterina e Carlotta, a menina mais pobre da classe, tão pobre que vem para a escola com os moletons do irmão; tão pobre que usa as roupas que a Caritas[6] coleta para os mais necessitados; tão pobre que, no final da coleta escolar de alimentos organizada antes das festas de Natal e de Páscoa, o pai dela vem até a escola e sai com dois sacos cheios de macarrão, pão, tomates em lata, extrato de tomate. A profe, eu dizia, consegue acompanhar a todos durante as aulas, mesmo Walter *'u frociu* [a bicha], que está sempre com a cabeça nas nuvens, sonhando que vai vencer um concurso regional de dança que logo haverá em Catânia[7]. Quanto aos meus amigos, foram eles mesmos que a procuraram. Os quatro certinhos da sala, Davide, Giulia, Sofia e Anna, por sua vez, a acompanham sem problemas e estão sempre ali na mesa a lhe perguntar: "Está bom assim? E assim? Como está saindo essa redação? Gosta desse início? Quer ver o belo desenho que fiz para a senhora?". *Blá-blá-blá, blá-blá-blá.*

---

6 Associação internacional que promove ações humanitárias e de caridade, ligada à Igreja Católica.
7 Cidade da Sicília, região italiana cuja capital é Palermo, onde se passa a história.

Que insuportáveis!

Ela tenta me fazer estudar, mas eu, depois das primeiras tentativas fracassadas, me rendi.

Ela não.

Em todo caso, já me enchi dessa calma sem graça.

Esta é a última semana de novembro e logo chegam as férias de Natal.

Finalmente vou poder ver Nella com mais frequência. Nas últimas semanas, de fato, não nos encontramos muitas vezes. Ela trabalha de manhã, quando eu estou na escola, e à tarde frequenta aquela escola *estúpida* para esteticistas. Não entendo por que ela enfiou na cabeça que quer trabalhar. Já falei para ela que, terminando o Fundamental, pretendo mudar para a Alemanha e dar uma mão para o meu tio, que há alguns anos abriu uma pizzaria italiana lá. Na Alemanha, eles são loucos por pizza, e o restaurante dele fica lotado todas as noites. Resumindo, o trabalho está garantido, não vou ter de sair procurando. E ela *virá* comigo. Por enquanto diz que não, que não quer deixar Palermo, que o seu futuro é aqui, ao lado da mãe. Mas vai mudar de ideia logo que aparecer a oportunidade. Tenho certeza. E, em todo caso, por enquanto é melhor deixá-la um pouco em paz e deixar que ela esqueça a minha declaração de amor desajeitada. Sei lá como foi que fiz naquele exato momento, enquanto ela trabalhava, e ainda por cima com aquela raiva... Que seja.

O que posso fazer agora? Já foi. Vai passar.

Um pouco de brio nunca faz mal

11

ENTRO NA CLASSE COM A MINHA HABITUAL SOBERBA, sem cumprimentar a turma.

De Lisi, já à mesa, me diz:

— Bom dia, hein? — com um tom meio de interrogação, meio de reprovação. Mas quem ela pensa que é?

— Sim, sim, *boum diiia!* — respondo, quase numa imitação dela, com os olhos apertados e fazendo um biquinho.

Risadinhas abafadas. Ah, mas então não esqueceram como se faz, hein? E vamos dar um pouco de brio a esse dia. Passo ao lado de Peppuccio e lhe dou um beliscão no braço. Ele resmunga em silêncio para não ser ouvido.

Mais risadinhas. Todos estão com os olhos em mim. De Lisi copia as faltas do dia no diário de classe.

Passo ao lado de Sofia e dou um peteleco no seu estojo de lápis de cor abarrotado de coisas... *plaft!* Tintas, lápis, borracha, cola, fita adesiva... tudo espalhado pelo chão.

De Lisi ergue os olhos.

— O que está acontecendo, pessoal?!

— Nada, nada, professora. Foi o meu estojo que caiu — responde Sofia, resignada, enquanto recolhe as coisas.

Outras risadinhas mais. Estão todos comigo, é o meu momento. A professora abaixa os olhos e retoma o que havia interrompido.

Antes de ir para o meu lugar, pego a agenda de Danilo, o idiota, e o encaro fixamente. "Ai de você se falar", intimo-o com o olhar. Ele abaixa os olhos e se vira para o outro lado, como se não tivesse acontecido nada. Caterina me olha com ódio. Tenho certeza de que ela gostaria de intervir em defesa de Danilo, de Sofia e de Peppuccio, mas me viro dando-lhe as costas, e ela entende que não é o momento. Todos me olham para ver o que pretendo fazer com a agenda de Danilo. Todos, menos os quatro certinhos. Giulia, Anna, Sofia e Davide, os ricos sem fibra, aqueles que nunca estão nem de um lado nem do outro. Que nunca se envolvem. Só se interessam por estudar e cuidar da própria vida. São os meus melhores colegas, aqueles que nunca se intrometem nas minhas coisas. Os "Não vejo, não ouço, não falo". Os "Vai longe quem só cuida da própria vida".

Abro a agenda de Danilo e começo a folhear. Afe, que tédio, só tarefas e algumas figurinhas de jogadores do Palermo e do Juventus. Depois me vem uma ideia brilhante. Vou à parte de dezembro e janeiro e começo a escrever nas páginas de 23 de dezembro a 6 de janeiro, todas inteiramente assim:

bola DE MerDA - bola DE MerDA - Bola DE MERdA
Bola de MerDA - Bola de MerDA - bola dE MeRdA
bola de MerdA - bOLa DE MerDa - Bola DE MerDA
BOLA DE MERDa - bOLA de MErdA - bola de Merda
bola dE MErDA - BOLa DE MerDA - Bola DE MERdA
bola DE MeRda - bola de MerdA - bola dE MErda

Bola de Merda - bola de merda - BOLA de Merda
bola DE merDA - Bola de MerDA - boLa dE MERda
bola de Merda - bOLA DE Menda - bola DE MERDA
Bola De mEnDA - bOLA dE MenDA - bOLA dE MErda
bola DE MerDA - bola DE MenDA - Bola DE MeRDA
Bola de MerDA - Bola de MenDA - bola dE MeRda
bola de Merda - bOLA DE Merda - Bola dE MERDA
BOLA DE MERDA - bOLA de MEnDA - bola de Merda
bola dE MERDA - BOLA DE MERDA - Bola DE MERDA
bola DE MERda - bola de MerDA - bOLA dE MERda
Bola de MenDA - BoLA dE Merda - bOLA DE MERDA
bola dE MERDa - Bola de MerdA - bOLA dE MERdA
BOLA De Merda - bola dE MerdA - bola de MERdA
bola dE Merda - bola de mERdA - bola De MERDa
Bola de MERDa - BOla dE MERDA - Bola DE MerdA
bola DE MeRdA - bOLA De MERda - bola dE merDA
bOLA de MerDa - bola DE MERDa - Bola dE MErdA
BOla DE MerDA - BOla DE MERdA - bola dE MErDA
Bola dE MERDA - bOLA de MerDA - BOLA de Merda
Bola De MerdA - Bola DE MerdA - bola dE MERdA
bola dE Merda - bola de Merda - bOLA De Merda
bola de Merda - Bola de Merda - Bola de Merda
bola DE Menda - bola dE Merda - BOLA deMERDA
BOLA DE MeRdA - Bola de MeRda - bola DE MERDA

Bola de MERDA - Bola de MERDA - Bola de MERDA
Bola de Merda - Bola de MERDA - Bola de Merda
Bola DE Merda - Bola De MERDA - bola de MERDA
Bola de Merda - Bola de Merda - Bola de MERDA
Bola DE MERDA - Bola de MERDA - BOLA DE MERDA
Bola de Merda - BOLA de MERDA - BOLA DE MERDA
Bola de MERDA - bola de merda - Bola de MERDA
Bola De MERDA - bola de MERDA - Bola De MERDA
Bola de MERDA - Bola de MERDA - Bola de MERDA
Bola de MERDA - bola de merda - bola de merda
Bola De MERDA - bOLA DE MERDA - BOLa de MER
Bola de MERDA - bola De MERDA - bola de MERD
bola de MERDA - Bola de MERDA - Bola DE MERC
BOla de MERDA - bola DE MERDA - Bola de MER
Bola de MERDA - bola de MERDA - Bola DE MER
bola DE MERDA - BOLa DE MERDA - bola DE MER
BOLA de MERDA - bola de MERDA - Bola de MER
bola DE MERDA - BOLA DE MERDA - BOLA DE MER
BOLA DE MERDA - Bola de MERDA - bola de ME
Bola de Merda - Bola de MERDA - Bola de MERD
Bola DE MERDA - bola DE MERDA - bola DE MER
bola de MERDA - Bola DE MERDA - Bola de MER
BOLA DE MERDA - bola de Merda - bola DE MER
Bola de Merda - Bola DE MERDA - Bola DE MER

a de merda - bola de merda - Bola de Merda
a de Merda - Bola de merda - bola de merda
la de merda - bola de merda - bola de merda
a de Merda - bola de Merda - Bola de Merda
a de merda - Bola de merda - Bola de merda
la de Merda - bola de merda - Bola de merda
la de Merda - bola de merda - bola de Merda
la de merda - bola de merda - bola de Merda
la de Merda - bola de merda - bola de merda
la de merda - bola de merda - bola de merda
la de Merda - bola de merda - Bola de Merda
a de Merda - bola de Merda - bola de Merda
a de Merda - Bola de merda - Bola de Merda
la de merda - bola de merda - Bola de merda
a de merda - bola de merda - Bola de merda
la de merda - Bola de merda - bola de merda
ola de Merda - bola de merda - Bola de merda
la de merda - Bola de merda - bola de merda
ola de merda - Bola de merda - bola de merda
a de merda - Bola de merda - Bola de merda
ola de merda - bola de merda - bola de merda
la de merda - Bola de merda - Bola de Merda
la de merda - bola de merda - bola de merda
la de merda - Bola de merda - Bola de merda

Bola de Merda Bola de Merda

Bola de Merda Bola de Merda

Aproveito todas as horas da aula de italiano para criar essa obra-prima. Que canseira encher todas aquelas páginas, estou com uma dor danada na mão. Mas valeu a pena. Viciú e Ciccio, que estão perto de mim, não conseguem deixar de rir feito loucos. Paolo está um pouquinho mais longe, mas ri por reflexo. Danilo não tem coragem de se virar, acho que entendeu que vai ser um inferno no final da aula. De vez em quando dou uma espiada nele e vejo que está com as orelhas vermelhas. De Lisi o chama para fazer algumas perguntas, mas ele responde só com um seco "sim" ou "não". A professora também entende que há algo de errado, e então o chama para perto dela e lhe fala em voz baixa; ele responde com o mesmo tom e não dá para saber o que falaram entre si. Mas tenho certeza de que ele não lhe contou que a sua agenda está nas minhas mãos, senão a professora teria pedido que eu devolvesse imediatamente. Assim, quando Danilo volta para a carteira com os olhos tão cravados no chão que parece estar contando as formigas uma por uma, eu continuo a fazer o que estava fazendo.

Quando De Lisi vai embora, na mudança de aula, fico de pé e digo com voz firme, para atrair a atenção de todos:

— Mas, Danilo, o que é isso? Você mesmo escreve que é uma bola de merda? Porque foi você mesmo que escreveu, não foi? — pergunto, com ar ameaçador.

Ele abaixa os olhos e as suas bochechinhas gorduchas ficam vermelhas de vergonha.

— Então, gorducho? Me responda: é você mesmo que escreve, sim ou não? — insisto; ele precisa, deve me responder.

— Me responda, eu disse! — E pego um braço dele, apertando com toda a força que tenho.

— S-sim — diz ele com voz embargada.

— Muuito bem, você admite. E agora, me diga, ainda se sente o queridinho da De Lisi? Hein? O que foi? Não se sente mais privilegiado? Danilo daqui e Danilo dali, Danilo para cá e Danilo para lá... Você é só uma bola de merda. Mas sabe que eu digo isso com carinho. Porque gosto de você. Você sabe que é assim, não é? Não é, Danilo?

— S-sim.

Falta pouco para ele começar a chorar.

— Vocês todos ouviram, não ouviram? Ele disse que entendeu! — reafirmo aos colegas que, afora os quatro certinhos e Caterina, estão rindo, uns mais, outros menos.

Nesse momento entra De Fulgo, o professor de arte.

— O que os seus colegas teriam entendido, Alessandro? Diga.

Intrometido, nunca cuida da vida dele. É um dos professores mais sérios e meticulosos do meu curso. O pior estraga-prazeres, eu diria. Um daqueles que "certas coisas não se fazem... Não é correto se comportar assim... Dessa maneira você fere a sensibilidade das pessoas... Peça desculpas imediatamente... Ensinaram você na sua casa a dizer *obrigado*, *de nada* e *por favor*, ou não?... Não jogue papel no chão... O último a sair da classe, no final do dia, apaga as luzes para evitar desperdício..." e *blá-blá-blá*.

Ele é quem propõe relatórios e suspensões, conversas com as famílias e castigos pesados. No ano passado, por mero acaso, descobriu que Ciccio e Paolo estavam ocupados durante a aula rabiscando as suas carteiras com pincel atômico. A consequência foi que ele fez de tudo para conseguir aprovar um castigo realmente terrível para eles: ter de ficar meia hora por dia depois das aulas e limpar a classe, durante nada menos que uma semana! Uma coisa inacreditável! Ciccio e Paolo têm ódio mortal dele, e com toda a razão.

— Nada, 'fessor, nada. Contei uma piada e estava perguntando se todos tinham entendido — improviso com convicção.

— E por que então Danilo está chorando? — pergunta o professor para a turma.

— Porque ele não entendeu a piada, 'fessor! Normal, não é? — respondo.

— Danilo — dirige-se a ele —, diga-me, o que aconteceu?

Mas ele explode em lágrimas e pede para ir ao banheiro.

Assim que ele sai, Di Fulgo retoma:

— Davide, você que é um dos mais sérios e estudiosos da turma, quer me dizer o que aconteceu? Ou você, Anna, ou vocês, Sofia e Giulia? Vamos, falem, por favor.

E eles, quase em coro, mas murmurando palavras e suspiros:

— Professor... hum... estávamos...

— ... repassando a sua aula... é, isso...

— ... exato, a aula, e... como eu posso dizer...

— ... estávamos muito concentrados, é.... concentrados demais para ouvir a... hum... piada — conclui Giulia.

Esses são os quatro colegas perfeitos.

— Entendi. Quer dizer que isso vocês vão conversar com a vice-diretora ou até com o diretor — sentencia Di Fulgo.

— Ei, 'fessor! Quanta tragédia! Por causa de uma piada! Ah, vai! É para dar risada, não para fazer drama! — responde Ciccio, depois de ficar de pé.

— Está bom. Desta vez passa. Mas, se acontecer uma coisa dessas outra vez, a questão será aprofundada, entenderam? E todos, digo todos, inclusive vocês quatro — dirige-se aos certinhos, apontando-os com a sua esferográfica tosca —, serão envolvidos! Entenderam?

— Nós? Mas, profe, o que nós temos a ver com isso? Não vimos nada! — responde Davide.

— Justamente por isso, Davide! Justamente porque dizem não ter visto o que aconteceu de tão grave com o colega a ponto de ele chorar dessa maneira... justamente por isso! E agora, mãos à obra. Peguem o caderno de desenho, hoje é aula prática!

Na hora do recreio, noto que Danilo dá o seu sanduíche para Carlotta, que o agarra, mostrando uma fome de vários dias.

— Obrigada — diz a ele timidamente.

Danilo não fala nada e se aninha na sua carteira durante o recreio inteiro.

Ninguém notou a cena, a não ser eu e Caterina.

Emoções bonitas e feias

12

HOJE É 7 DE JANEIRO DO NOVO ANO. A ESCOLA RETOMA regularmente as aulas depois de quase duas semanas de férias. Durante as férias, consegui ver Nella com mais frequência. Embora não tenha sido fácil.

Vi-a pela primeira vez bem na véspera de Natal. Ela estava indo para a papelaria na frente da minha casa e passou por mim sem me cumprimentar. Estava lindíssima, apertada num casaquinho roxo e envolta num grande cachecol de lã grossa de cor creme. Eu não sabia o que fazer. Paolo me deu uma cotovelada e me olhou de atravessado, como que dizendo: "O que está esperando…? Vai lá!". Assim, constrangido pelo fato de que o meu amigo já tinha entendido tudo, me aproximei, impedindo a entrada dela na papelaria.

— Nella… o que é isso? Me vê e não me cumprimenta? — perguntei com uma irritação bem-humorada, tentando disfarçar o tormento por aquela minha súbita submissão a uma mulher.

— Não tinha visto você — respondeu ela, virando o rosto para o outro lado.

— Não tinha me visto? E agora me vê?

Eu não sabia o que dizer, estava literalmente me enrolando com as palavras. O meu coração batia feito louco.

— Vejo, sim. Claro. Você se plantou na frente da porta da loja. O que você quer, Alessá? — Ela estava com os olhos vermelhos de raiva e os braços cruzados no peito.

— Vamos, venha comigo, vamos conversar um pouquinho.

Consegui amansá-la com essas palavras, e ela foi comigo mais adiante, debaixo de um grande pinheiro que nos escondia de quem passava.

— Diga!

Era uma ordem, como que dizendo: "Vim com você, agora fale, e rápido". Ou seja, era ela que estava conduzindo o jogo, mas o que eu podia fazer? Diante dela, eu era tomado por uma espécie de ansiedade e de euforia ao mesmo tempo. Gostava demais dela.

— Ouça, Nellú, peço desculpas pela outra vez, o.k.? Não sei o que me deu. Estava furioso de ciúmes... enfim... você é bonita e, com essas maquiagens que usa, fica ainda mais, e eu...

Eu começava a tropeçar nas palavras. Apesar do frio invernal, me sentia fervendo por dentro.

— Sim, Alessá, entendo. Mas eu não pertenço a você, e você não pode me dizer o que devo usar, como devo me maquiar, o que posso fazer... Você sabe que não pode, nem você nem ninguém! — reforçou ela com firmeza.

— Sim, eu sei, mas gostaria mesmo que você fosse a minha namorada. Nellú, eu acho que amo você, e as minhas intenções são sérias. Não quero prendê-la numa jaula. Não quero que você acabe como a sua mãe com aquele sacana... coitada. Quero criar com você uma família de verdade. Sei que você é uma boa moça e não faz nada de errado. Eu também sou um bom rapaz e, logo que terminar a escola, vou trabalhar. Se você quiser trabalhar, tudo bem, embora eu não entenda por quê. Entre nós, as mulheres sempre ficam em casa para cuidar dos filhos, e eu quero ter muitos filhos com você. Em todo caso, já vejo por aqui muitas mulheres trabalhando, então, se você também quiser e...

Não consegui terminar essa enxurrada de palavras, porque ela me interrompeu bruscamente.

— Ah, Alessá, obrigada pela gentil concessão, hein?

— Não, você não entendeu! — tentei remediar a falha. — Não é uma concessão. Quero dizer que, se você quiser, estou disposto a mudar os costumes da minha família. Só isso, basta você querer.

E então arrisquei:

— E você, quer? — perguntei, segurando uma das suas mãos.

— Alessá, ouça — disse-me séria, sem soltar a mão da minha e, na verdade, apertando-a mais. — Valorizo muito o seu pedido de desculpas e a sua sinceridade. Também gosto demais de você. Crescemos praticamente juntos, como eu poderia não gostar? Mas ainda somos jovens demais para essas conversas de tanto compromisso. Vamos esperar um pouquinho e depois veremos. Vamos deixar que o tempo siga o seu curso. Enquanto isso, vamos tomar um bom *cappuccino*, que aqui fora está muito frio. Pode ser?

Eu me sentia no sétimo céu. A sua mão na minha tinha aquecido o meu coração. Então, inesperadamente, ela me abraçou e foi um momento maravilhoso, não de paixão, mas de ternura. Aí dei o braço a ela e fomos para o bar. Passando, vi Paolo me dar uma piscadela.

Desde aquele dia maravilhoso, vi Nella outras vezes, primeiro por acaso, depois marcando encontro. Juntos, brincávamos e ríamos de gargalhar. Não retomei mais aquela conversa, e a nossa relação ficou, por assim dizer, mais despreocupada, alegre. Resumindo, eu não estava mais obcecado com a ideia de ficar com ela e me sentia realmente bem ao lado dela.

Volto para a escola sonolento, com Nella nos meus pensamentos. Na classe estamos todos nós, só falta Danilo. A primeira aula é com De Lisi, que, estranhamente, está alguns minutos atrasada. Normalmente, quando chegamos, ela já está na sala, com o livro de presença aberto, dando um bom-dia a cada um de nós. Mas, desta vez, ela chega com meia hora de atraso. Caterina diz que a avistou falando com os pais de Danilo, e que a mãe dele chorava agarrada ao peito do pai.

Aquele panaca deve ter contado tudo para os pais. Caramba, vou receber um castigo e tanto. Mas e daí, quem liga pra isso? Já estou tão acostumado que...

De Lisi entra com cara séria e furiosa. Os meus colegas se levantam para cumprimentá-la, e ela responde com um bom-dia seco e indiferente.

— Sentem-se todos, por favor.

Abre o livro de presença e começa a fazer a chamada. Depois inicia:

— Vejo que estão todos presentes, não é mesmo? Estão todos presentes, não falta ninguém? — pergunta ela.

— Na verdade, profe, falta o Danilo — Sofia responde, segura.

Que saco! Sempre precisa se comportar como a primeira da classe, mesmo quando não há necessidade! Já é um hábito.

— Ah, falta o Danilo? E quem seria esse Danilo? — pergunta ainda a professora.

Ela ergue os olhos para nós, a testa franzida, os braços cruzados sobre a mesa, enquanto aperta e solta nervosamente o topo da esferográfica de mola. Aquele tique-taque torna a atmosfera surreal. Não entendemos aonde ela quer chegar.

Davide levanta a mão e responde balbuciando:

— Mas como, 'fessora? Danilo é... é o nosso colega.

— Ah! Então vocês têm um colega chamado Danilo? E vocês todos o conhecem? Se deram conta, então, de que têm um colega chamado Danilo? Se deram conta de que ele existe?

Aquelas perguntas, claramente retóricas, explodem no silêncio feito bombas, e quase dá para sentirmos o cheiro amargo da fumaça.

Realmente aconteceu alguma coisa séria.

— Danilo existe? Está nesta classe? Respondam, a pergunta não tem nada de complicado! Danilo é ou não é um colega de vocês?

TODOS!

— S-sim... ele... ele é! — responde alguém, em tom de voz inseguro.

Ninguém entende o que está acontecendo.

— Não estou ouvindo. Por favor, respondam todos em voz alta: Danilo existe? Danilo é um colega de vocês? — continua a perguntar, desta vez sustentando a ferocidade.

— Sim, ele é! — respondem todos, feito soldados.

Nesse ponto, ela explode sem qualquer controle e grita furiosa:

— Então me expliquem como é possível que ninguém, NINGUÉM tenha percebido essa porcaria de brincadeira de mau gosto!

E bate na mesa a agenda de Danilo, aberta nas páginas que eu tinha escrito.

Silêncio.

— Não quero saber o nome do culpado por tudo isso, e sabem por quê? Porque vocês todos, e digo TODOS, são culpados. Porque TODOS viram, TODOS ouviram, TODOS sabiam!

Silêncio.

— E querem saber o que aconteceu? Vou dizer! Danilo passou dias se recusando a comer durante os feriados de Natal, chegando ao ponto de vomitar tudo o que engolia, até a água! E agora o colega invisível de vocês está internado, em coma há três dias, e corre o risco de morrer se não acordar! Está claro agora? Vocês se divertiram? Muito bem, parabéns! Ele pagou pela brincadeira de vocês, as risadas de vocês, o silêncio de vocês!

Mais silêncio, interrompido pelos soluços de Caterina. Viciú, Ciccio e Paolo me olham com os olhos arregalados, como que dizendo: "O que foi que aprontamos?".

Fico petrificado. Não sei o que dizer, o que fazer. Não sei o que estou sentindo.

13 Uma nova palavra: Bullying

APARENTEMENTE MAIS CALMA, A PROFESSORA SE senta e nos diz para tirarmos tudo o que temos na carteira, só deixando uma caneta. Ela tira de uma sacola marrom uma caixa de sapatos fechada com fita adesiva, que tem uma abertura longa e estreita na tampa.

— Esta é a caixa do *bullying* — explica-nos —, uma caixa em que VOCÊS todos vão colocar bilhetinhos que serão absolutamente, totalmente anônimos. Eu quero, não *eu gostaria*, mas *eu quero* que todos, e digo *todos*, contem cada coisa que sofreram nesta classe, cada brincadeira ou piada que não fez rir, mas sim sofrer; cada abuso; cada ameaça com gestos ou palavras; cada ofensa; cada dor física e moral; cada zombaria. Precisa aparecer tudo o que aconteceu nesta classe. Porque é preciso romper esse silêncio, pessoal. É preciso romper esse silêncio cúmplice que nos aproxima cada vez mais da máfia. Sim, da máfia, vocês ouviram bem. Ficar em silêncio e fingir que não vê nem ouve não significa não fazer parte. Todos são cúmplices e todos são igualmente culpados por toda e qualquer injustiça feita por *uma* ou *poucas* pessoas desta classe e silenciada por *todos*. Dou uma semana de prazo para vocês escreverem os seus bilhetinhos e colocá-los aqui dentro. Daqui a uma semana, abriremos a caixa do *bullying* e refletiremos sobre o que foi escrito nos bilhetinhos que, repito, serão anônimos.

Depois, acalmando-se aos poucos, com um esforço gigantesco que todos percebemos, De Lisi recupera a sua habitual voz suave e, depois de um grande suspiro que lhe enche o peito, nos pergunta:

— Sabem o que é *bullying*?

Praticamente todos nós já tínhamos ouvido aquela palavra, mas ninguém sabia o seu significado. De Lisi nos diz que era o que esperava e então começa a nos explicar que o *bullying* é um conjunto de atitudes sociais de tipo violento, adotadas em relação a pessoas consideradas mais fracas.

— Esses atos de violência podem ser de vários tipos. Em primeiro lugar físicos, e isso vocês já entenderam sozinhos, porque a palavra *violência* nos remete principalmente à dor física. Mas eu lhes digo que a violência também pode ser verbal, material, psicológica. Vamos dar alguns exemplos com um colega inventado que chamaremos... vejamos, ah, sim, chamaremos de Pierino. Vocês conhecem aquele simpático personagem de ficção[8], não conhecem?

Todos concordamos. Estamos superconcentrados nas palavras dela. E assustados.

— Muito bem. Suponhamos que Pierino, que é grande e forte, e por isso manifesta uma força física reconhecida por todos, seja também um tantinho arrogante. O nosso Pierino, porém, não está só, ah, não. Tem no seu séquito pelo menos dois ou três amigos, que são fidelíssimos a ele e que o apoiam e o defendem em qualquer situação. Nós os chamaremos de Fidelíssimos, porque não têm uma verdadeira identidade, mas são a sombra de Pierino. Portanto, nada de nome para eles, só o genérico Fidelíssimos. Pierino e os seus Fidelíssimos têm um colega na classe que aparentemente é mais fraco, porque talvez tenha uma deficiência física, ou porque se veste diferente, ou por outros motivos variados...

Ela não termina o discurso porque é interrompida por Walter.

— Um desses motivos, professora, pode ser praticar um esporte ou um tipo de dança considerado feminino? — pergunta ele.

— Com certeza — responde a profe.

E Walter me olha de soslaio.

---

8 Pierino é um personagem de piadas, charges e também de filmes de comédia na Itália, um menino bobo e desajeitado. No cinema, seu papel era representado por um ator adulto caracterizado como criança. A professora De Lisi, neste exemplo, coloca justamente o personagem que costuma ser alvo de chacota no lugar de valentão.

— E também o fato de não ter pais que trabalham e de não ter dinheiro suficiente? — arrisca Carlotta, com um fio de voz.

— Sim, Carlotta, isso também pode ser considerado um motivo de fraqueza — responde a professora, que já começa a entender.

Carlotta também toma coragem e me olha por um microssegundo.

Nesse momento, vejo Nanni levantar a mão.

— Profe, posso também fazer uma pergunta?

— Claro que sim, sou toda ouvidos, Nanni — diz a professora, inclinando o busto para a frente.

— E se uma pessoa é um pouquinho lenta no estudo e zombam dela, isso também é violência?

— Sim, Nanni. Infelizmente sim.

E Nanni me olha com insistente ternura, como que dizendo "então por que você faz isso?".

— Em todo caso, penso que todos entenderam, não? Estamos num bom ponto da nossa conversa, então vamos prosseguir. Como eu estava dizendo — continua De Lisi —, Pierino e seus Fidelíssimos encontraram o seu alvo, que é a vítima de *bullying*. Pierino é claramente o valentão principal e arrasta sempre consigo os valentinhos, seus fiéis. Chamaremos a vítima simplesmente de Vítima, porque poderia ser qualquer um e porque, para o valentão, não interessa que seja homem ou mulher ou pobre ou gordo ou homossexual ou órfão. Ao valentão só interessa encontrar um motivo para zombar dela, para lhe fazer mal. Pois assim ele se sente ainda mais forte, importante, um cara durão. É uma maneira de marcar o território: "Sou eu o mais forte, sou eu o chefe".

A essas palavras, vejo todos os olhos apontados para mim.

— Hummm... — pigarreia a professora, para chamar de volta a atenção dos meus colegas. — Pierino, então, o que faz? Faz isto: para começar, dá à Vítima um apelido ofensivo; depois, talvez, rouba a sua merenda e a ameaça, para que fique quieta; ou, ainda, pode estragar o seu material escolar, pisar na sua mochila, destruir os seus cadernos, fazer desenhos no seu rosto e na sua testa com um pincel atômico; por fim, pode também lhe dar beliscões, tapas ou bofetadas e até chegar a dar uma surra nela, com a ajuda dos seus Fidelíssimos e o silêncio dos colegas de classe. Mas suponhamos que Pierino não é tão violento e que a sua Vítima é uma pessoa, digamos, um pouco gordinha. Pierino começa a chamá-la... vejamos como... *Balofo?* Sim, Balofo, debaixo das risadas da turma inteira e, portanto, com a absoluta aprovação de todos. A Vítima talvez já tenha notado os seus quilos a mais em relação ao peso esperado e sofre com isso. Mas, até aquele momento, se aceitava, mesmo que com alguma insegurança. Agora vou fazer uma pergunta a vocês: como acham que a Vítima se sente com aquele apelido ofensivo? Respondam, vamos... Caterina?

— Mal, professora. Extremamente mal. Sofre muitíssimo com isso — Caterina responde e me olha de um modo que eu não saberia explicar, mas que, em todo caso, me faz sentir culpado.

Eu me viro e vejo Ciccio, que rói freneticamente as unhas e as cutículas a ponto de sangrar; Paolo, com a cabeça baixa apoiada nas mãos, apertando o cabelo com força; Viciú, com uma mão na testa, move a cabeça como que dizendo: "Não é possível, não é possível".

— Sim, Caterina. Sente-se mal a ponto de decidir não comer mais e colocar em risco a própria vida. E, assim, o *bullying*, a princípio verbal, causado pelo apelido ofensivo de Balofo, se transforma na forma mais perigosa de *bullying*, ou seja, a psicológica. Mas passemos aos colegas passivos, isto é, àqueles que veem e ouvem mas não falam. Como se sabe, "vai longe quem só cuida da própria vida". Mas a consciência pesada não vai tão longe. Aliás, nesse caso morre antes do corpo, porque cria por dentro uma mancha imunda, que se autoalimenta e que faz a pessoa se sentir suja, tão, tão suja que não consegue olhar os outros nos olhos. Chamaremos esses cúmplices calados de Valentões Passivos.

— Não é justo, profe! — intervém Davide, que sente aquela acusação pesar sobre si.

— O pior é que é justo, sim, Davide. E vou lhe explicar o porquê: os Valentões Passivos são aqueles que, calando-se, permitem que ocorram ações de *bullying* que causam sofrimento às Vítimas; são aqueles que praticam o chamado "*bullying* relacional", que ocorre quando a Vítima fica isolada. Alguém se reconhece nesse papel? — pergunta inesperadamente a professora, que, em todo o discurso, ainda não havia feito nenhuma referência pessoal.

Silêncio.

— Em todo caso, pessoal, o *bullying* pode ser derrotado. Antes de mais nada, isolando o valentão. Pierino, sem os seus Fidelíssimos, não tem a mesma força e a mesma segurança de quando está em grupo. Em seguida, rompendo o silêncio, denunciando os fatos. Além disso, aproximando-se da Vítima para que ela sinta que não está sozinha e para lhe dar aquela coragem capaz de permitir que enfrente com segurança o valentão. Sim, porque mesmo a Vítima precisa sair da sua condição de fraqueza, mas precisa ter colegas ao lado que lhe proporcionem autoestima. Por fim, é preciso "desmontar" o valentão. Fazendo-o entender que não precisa bancar o arrogante para ser bem-vindo; que ele é aceito pelo que é, e não pelo que quer parecer; encorajando-o a ser ele mesmo; estendendo-lhe a outra face; amando-o; abraçando-o; "estamos aqui também para você", é preciso que ele entenda isso, "você não está excluído", "nem sempre é culpa sua". É assim que se desmonta um valentão. Porque, acreditem ou não, a agressividade dele deriva da insegurança. A arrogância dele é desencadeada por uma autoestima baixa, e a raiva que ele manifesta na classe nasce talvez de uma situação familiar que o faz sofrer. O valentão é uma pessoa que sofre, e por isso ostenta segurança, para se proteger.

    A profe me olha e eu abaixo o olhar, não consigo corresponder ao dela. Um arrepio percorre o meu corpo enquanto me pergunto: "Será que sou eu o valentão?".

CARRAPATO CERT...
...TA MANCO
...EN ...RDUCHO

14 A hora da verdade

NO DIA SEGUINTE, A PROFESSORA ENTRA COM A CAIXA do *bullying* nas mãos, e logo vejo que ela foi aberta. De fato, a parte de cima da caixa foi cortada com uma tesoura, deixando entrever os bilhetinhos dos meus colegas. Jamais imaginaria que podiam ser tão numerosos e, pela primeira vez, começo a entender o que é o medo.

Claro que não escrevi nenhum bilhetinho, porque ninguém, desde que frequento a escola, nunca me fez mal. Além disso, por motivo algum eu iria revelar os meus sofrimentos ou os meus desconfortos. Sou bastante zeloso com o que trago dentro de mim. E também, como diz o meu pai, a pessoa nunca deve se desnudar na frente dos outros mostrando as suas fraquezas, porque são elas que nos tornam vulneráveis.

Assim como eu, os meus colegas percebem o que está para acontecer. A professora nos comunica que é a hora de ler os bilhetinhos e descobrir as dinâmicas relacionais da classe. Antes, porém, diz para puxarmos as carteiras para as paredes e colocar as cadeiras em círculo no centro da sala. Então convida-nos a sentar. Ela não se põe no centro do círculo, como eu pensava, mas se senta entre nós, especificamente entre mim e Nanni. Cada um de nós pode olhar nos olhos de todos os outros colegas. Depois de um brevíssimo instante, entra aquela harpia da Maniscalco para assistir à atividade. Decide não se sentar e fica de pé apoiada na mesa, para ter uma visão panorâmica clara da situação.

Embora o medo me faça tremer, deslizo na cadeira, apoio a cabeça no encosto e estico as pernas, que assim ocupam o centro do círculo. Uma atitude que dá a entender que nada me amedronta. Os colegas me olham por um instante, mas logo a profe rouba a minha cena, tirando o primeiro bilhetinho da caixa. Estou ao lado dela e noto que é anônimo. Tento descobrir o autor pela letra, mas a minha atitude nunca permitiu me aproximar dos colegas, e por isso não tenho sucesso na tentativa.

O bilhetinho traz estas palavras:

Alguns colegas meus me dizem que sou mulher e às vezes tenho uma vontade louca de sumir!

Walter! Eu sabia que aquele maricas escreveria isso. Olho para ele com ar de desafio, e ele abaixa os olhos. Em compensação, vejo que Caterina procura o meu olhar com o seu habitual ar de reprovação.

Segundo bilhete:

Me dizem que eu me visto mal, que sou uma pobrezinha, que o meu futuro é ser mendiga, que sou feia e nunca vou encontrar marido. Em casa, muitas vezes me olho no espelho e vejo que é verdade. Por isso tento esconder o rosto com os cabelos.

Ah, vá! Agora nem se pode mais brincar! Carlotta é pobre, todos sabem disso, e é feia mesmo! Olho Paolo, como que dizendo: "Que exagero, só por dizerem a verdade!". Ele dá de ombros querendo me dizer: "Não ligue". Menos mau que posso contar com o apoio dos meus amigos. Todos aqui parecem tão melindrosos!

Terceiro bilhete:

Zombam do meu pai porque vende detergentes. Alguns o chamam de Sabão de Coco. Por isso às vezes sinto vergonha dele e do trabalho que ele faz e me obriga a fazer no verão. Mas depois penso que, sem esse trabalho, eu e a minha família não poderíamos viver. E assim a vergonha passa.

— Ciccio, até você? — sussurro para ele.

Levanto os olhos para o céu e acrescento:

— Ué, mas somos amigos ou não? A gente caçoa só de brincadeira!

— É, mas eu não comento com você nada do seu pai, Alessá! E teria muita coisa, você sabe! — murmura ele em resposta.

Fico inflamado de raiva. E o que o meu pai tem a ver com isso? É um caso totalmente diferente!

— Não se arrisque a falar mal do meu pai, Cicciú! — ameaço.

— Pois é, está vendo qual é o seu problema, Alessá? Exatamente esse! — responde ele, desta vez se fazendo ouvir por todos. — Você pode dizer e fazer qualquer coisa contra todos nós, mas se alguém se atreve a fazer o mesmo... você reage assim!

Baixa um silêncio sepulcral.

— 'Fessora, me enchi! Vou ao banheiro!

Levanto-me e começo a sair.

Mas ela me segura.

— Não, Alessandro, não pode.

— E quem diz isso, a senhora? Não me faça rir! — respondo, enquanto sinto a pressão subir de repente.

A vice-diretora, a esse ponto, intervém de maneira calma e decidida:

— Não, não é a sua professora que diz, mas o regulamento da escola. Não se pode sair durante a aula depois do recreio. E as regras devem ser respeitadas. Portanto, sente-se, por favor, e continuemos — no seu rosto, um brilho de triunfo.

Sinto-me posto contra a parede. Sem a ajuda dos amigos, não sei o que fazer, e por isso me sento mais esparramado do que antes. É o único modo que tenho de mostrar a todos a minha desaprovação. Mas ninguém parece se importar minimamente. Não mais.

Quarto bilhetinho:

Às vezes tenho medo de acabar como a minha mãe e, por isso, já até pensei em pôr fim na minha própria vida.

Ficamos todos estarrecidos! Caterina! Não, Caterina! Ergo-me devagar da cadeira e, por um momento, os meus problemas me parecem bobagens em comparação aos medos e à dor dessa garota. E me sinto enojado comigo mesmo, porque tempos atrás joguei na cara dela o trabalho da sua mãe.

Com os olhos arregalados de toda a classe na direção dela, Caterina começa a chorar e sai correndo da sala sem permissão.

A professora, imperturbável, como se esperasse por tudo isso, pega o quinto, o sexto e o sétimo bilhetinho e retoma a leitura. A partir desse momento, todos prestamos mais atenção, inclusive eu. E fica claro que, na maioria dos casos, o que eu acreditava serem simples brincadeiras entre a rapaziada, organizadas por mim e por Paolo, Viciú e Ciccio, nos outros causava raiva, dor, desilusão, frustração, medo, insegurança...

À tarde, vou ao hospital visitar Danilo. Na ala dele estão os pais, os avós e a irmã mais nova de cinco anos. A mãe me olha com rancor e está prestes a partir para cima de mim e me expulsar quando o marido a segura, sussurra-lhe algo e se aproxima.

— Olá, Alessandro.

— Boa tarde, senhor Tordo. Não queria incomodar. Estou aqui para ver Danilo, trouxe uns bombons para ele. Como ele está?

— Danilo, por sorte, saiu do coma faz algumas horas, mas tem dificuldade para despertar totalmente. Venha, vou levá-lo até ele.

E me convida para entrar no quarto, onde encontro Danilo pálido feito neve, com um tubo preso no nariz, outro na boca e soro no braço. Eu me aproximo dele e sinto um aperto no coração. Seus olhos estão cercados de roxo e as pálpebras parecem coladas. O pai de Danilo sai, e eu me sento na cadeira colocada ao lado da cama.

Não sei bem quando e muito menos por que começo a falar, pois não tenho certeza se o meu colega, nesse estado, consegue me ouvir ou não.

— Pois então... veja... Danilo... não sou bom em certas coisas... coisas que o meu pai não me ensinou. Ele sempre

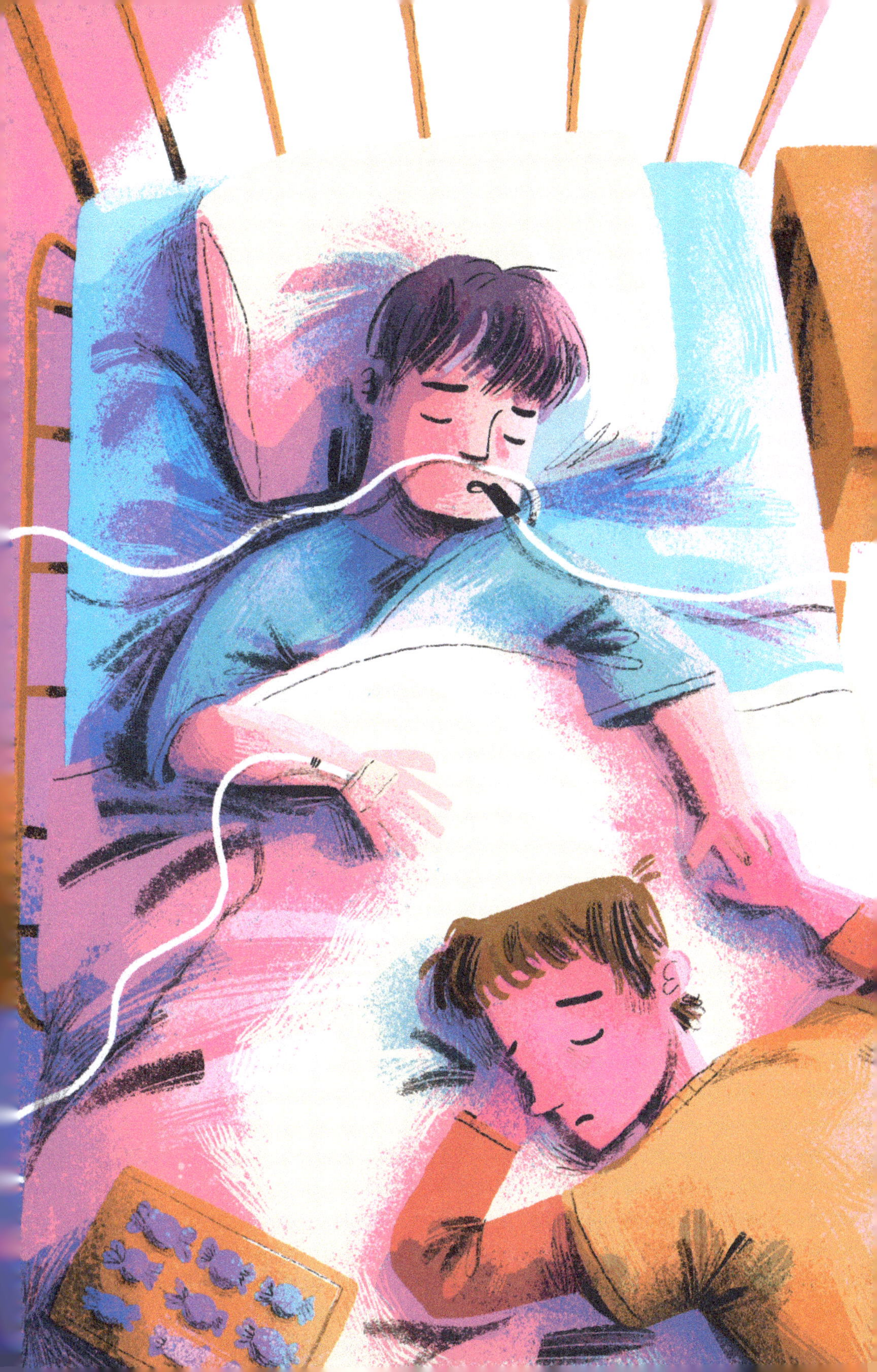

me disse somente para nunca me submeter a ninguém, mas eu... eu não acho que vou me submeter se... enfim... Eu sinto muito! Sim, sinto muito! Não queria que acabasse assim! Peço desculpas pela forma como tratei você, desculpas por tudo isso, por esses tubos, por esse soro! Por favor, acorde, acorde!

Sem me dar conta, estouro em lágrimas e apoio a cabeça na cama; com uma das mãos seguro a mão dele, fria como a de um morto. Fico assim não sei quanto tempo antes de adormecer. Depois sinto um puxão no ombro. É a senhora Tordo, que, também em lágrimas, me acorda e diz:

— É melhor você ir para casa, Alessandro. É tarde e a sua mãe deve estar procurando você.

— Sim, certo. Senhora Tordo, pois é, olha... eu...

— Vá para casa, Alessandro. Vá para casa.

Assim, me despeço de todos e saio, completamente atordoado.

No dia seguinte não falo nada da visita a Danilo, que pretendo repetir no período da tarde. Quando entro na classe, De Lisi me comunica que a auxiliar de ensino vai se ausentar por licença médica durante uma semana e que terei de ajudar Nanni nos estudos. Estou ainda tão moído por tudo o que aconteceu que não encontro forças para responder. Então me sento. Depois noto que Viciú, Ciccio e Paolo também foram trocados de lugar e estão respectivamente com Carlotta, Walter e Peppuccio.

Tarefa do dia: redação sobre a família.

REDAÇÃO 15

Título: *A minha família: descrição e hábitos cotidianos. A relação com os meus pais.*

Desenvolvimento

A minha família é composta pelo meu pai, pela minha mãe, por mim e pelos meus dois irmãos mais novos. O meu pai se chama Enrico e tem quarenta e cinco anos. É pedreiro de profissão. A minha mãe se chama Candida e é dona de casa. Tem trinta e seis anos. O meu irmão Mimmo tem nove anos, enquanto o meu irmão Salvuccio tem um. Os dias na minha casa são normais porque a minha família é uma família normal. A minha mãe se levanta cedo e dá de mamar ao meu irmão Salvuccio, depois acorda eu e Mimmo (embora eu acorde antes com os gritos de Salvuccio, que fica sempre nervoso quando tem fome) porque devemos ir para a escola. Enquanto nos vestimos, a minha mãe nos prepara o café da manhã. Eu e Mimmo tomamos leite, e de vez em quando ponho algum biscoito pra dentro, e depois vamos para a escola. Enquanto estamos na escola, mamãe limpa a casa e põe ordem em tudo; faz as compras e cozinha o almoço. Quando eu e o meu irmão saímos da escola, vamos para casa e almoçamos. Depois Mimmo faz as tarefas, assim depois ajuda a minha mãe a cuidar de Salvuccio. Eu, da minha parte, que sou o mais velho e não posso ficar em casa, saio com os amigos. Vou na praça e converso com eles sobre uma coisa e outra. De vez em quando jogamos fliperama e sempre perco, mas acho que essas ~~maqininhas~~ maquininhas são adulteradas. Nos últimos tempos me encontro com Nella, a moça mais linda do mundo com quem quero casar quando crescer. Perto das oito então volto para casa e encontro o jantar já pronto, quase sempre preparado por mamãe e Mimmo juntos, que dá uma mão ~~pra~~ para ela. Janto e vejo tevê. ~~Gozto~~ Gosto dos filmes de máfia ou de policiais. A relação com os meus irmãos é boa, apesar de Salvuccio fazer muita bagunça. Por sorte tem Mimmo que brinca com ele e o acalma ~~ele~~. Com a minha mãe a relação também é boa, mas ~~ela~~ faz um ano que ela anda muito ocupada cuidando de Salvuccio e da casa. Praticamente é ela que faz tudo porque papai não está, encontra-se na cadeia mesmo sendo inocente.

Uns dois anos atrás, enquanto estávamos todos dormindo, numa noite muito fria de inverno, deviam ser três horas ~~da~~, batem na porta com insistência. Quando a minha mãe abre a porta, encontra na frente três policiais e um cachorro, um pastor-alemão rosnando, fazendo a minha mãe, que naquela época estava grávida, quase desmaiar. Gritam o nome do meu pai. Eu me levanto de um salto, sem entender o que está acontecendo, olho pela janela e vejo duas viaturas da polícia com quatro policiais em posição de ~~ataqe~~ ataque, isto é, com os revólveres na mão apontados para a porta da minha casa.

Ainda estou atordoado, quando saio do meu quarto e cruzo no corredor com o meu pai, já vestido e com uma mala na mão, que me diz para ficar tranquilo e que tudo vai dar certo. Vou para a porta de casa e vejo que algemam o meu pai e que o levam para a cadeia com a acusação de homicídio. O meu pai está na prisão faz cerca de dois anos, mas é inocente, porque, quando mataram com um tiro de revólver aquele rapa~~is~~z lá, aquele da família mafiosa de outro bairro, o meu pai estava no bar bebendo com os amigos. Tem testemunhas. Mesmo assim, ainda estão investigando. Mas o meu pai é inocente, eu sei. E isso me dá raiva, muita raiva! Acusar uma pessoa inocente e virar de pernas para o ar uma família inteira me dá tanta raiva que ~~as veis~~ às vezes quero quebrar a cara de todo mundo, até a minha também! Não se acusa gente inocente. É inocente e ponto! Em todo caso, o meu pai diz que as investigações aqui em Palermo são lentas e que é preciso continuar a esperar. Enquanto isso, sinto saudade. Ainda hoje, quando ouço algum cachorro de rua latir de noite, me abalo com a lembrança daquela noite infernal, a pior de toda a minha vida. Se pensar bem, desde aquela noite qualquer barulho na rua me abala, como se estivesse revivendo aquela mesma cena.

E é essa a minha família.

FIM

16 Caio na água dos peixes

FIM DE MARÇO, PERTO DOS FERIADOS DE PÁSCOA. PELA primeira vez, De Lisi está ausente. Quando perguntamos a Sclafani por quanto tempo ela vai faltar, apuramos que tirou nada menos do que uma semana de licença médica. Causa: estresse laboral.

A seguir, o que aconteceu faz exatamente dois dias.

Após a entrega das nossas redações, De Lisi começou imediatamente o trabalho de correção. Provavelmente saíram daqueles textos muitas coisas importantes sobre as nossas famílias, pois a atitude da profe em relação a alguns de nós mudou. Mesmo comigo, mudou.

Na semana passada, ela entrou na classe com um aquário de plástico cheio de água e com dois peixinhos vermelhos, que nadavam entre algas e palmeirinhas de plástico.

— Bom dia, pessoal. Estes são Ping e Pong. Nenhum comentário negativo sobre os nomes, por favor, foi meu filho que deu! — disse rindo.

Era a primeira vez que ela fazia alguma referência à sua vida pessoal. A verdade é que nenhum de nós sabia se ela era casada e se tinha filhos. Só naquele momento nos revelou a existência de um filho, Marco, de quatro anos.

Não fizemos outras perguntas. Estávamos todos curiosos para saber por que ela tinha trazido peixinhos vermelhos para a classe e, acima de tudo, como é que aquela hiena da vice-diretora havia permitido.

— Como eu dizia, Ping e Pong serão os nossos "amigos de longo nado", e não de longa data, como se costuma dizer... — Outra piada. Ela estava especialmente alegre naquele dia. — ... Pois então, como hoje começaremos a trabalhar com textos descritivos, pensei que seria interessante observar os movimentos dos nossos amigos para poder descrevê-los minuciosamente. Entendo, claro, que seria mais simples descrever um cachorro, por exemplo. Mas não me foi possível trazer um amigo de quatro patas para dentro da escola. Vocês hão de entender, porém, que esses peixes querem ser alimentados e bem tratados. Ou seja, é preciso que alguém se dedique a eles todas as manhãs, e pensei que você, Alessandro, poderia ser a pessoa adequada! O que acha? — perguntou-me com um sorriso cintilante.

Fiquei felicíssimo com aquela proposta. Finalmente eu era convocado não para um castigo, mas para algo importante. A vida daqueles dois peixes dependia de mim. Gostei da ideia e respondi:

— Sim, tudo bem, 'fessora. Eu cuido disso!

Por dentro, eu me sentia extremamente agradecido. Os meus colegas, porém, estavam titubeantes, provavelmente pensavam que não era uma tarefa adequada para mim.

Sim, era normal que pensassem isso, mas logo eu os faria mudar de ideia.

Assim, como cuidador de Ping e Pong, desde aquele dia me incumbi do aquário dos peixes. Dia sim, dia não eu trocava a água e, todos os dias, dava de comer a eles. Sei que pode parecer bobagem, mas o fato de me ocupar daqueles peixes me fazia sentir importante. Não importante no sentido do meu "eu de antes", isto é, de quando eu me sentia o chefe e batia a porta da classe, ofendia os colegas ou desafiava qualquer um que me contradissesse.

Não, essa era uma coisa diferente. Nesse caso, eu me sentia só e importante. Não com raiva, mas com serenidade. A coisa continuou assim durante mais ou menos uma semana, até dois dias atrás, quando ocorreu o problema.

Pedi permissão a De Lisi para ir ao banheiro dos meninos para trocar a água, e ela, naturalmente, autorizou. Assim, peguei o aquário e saí da sala. No banheiro, troquei a água dos peixes: com a prática, não deixava cair sequer uma gota. No entanto, o canto direito do piso estava alagado: era evidente que alguém tinha brincado de guerra de água, como muitas vezes faziam por diversão.

Quando saí do banheiro com meu aquário bem limpo, ouvi o bedel gritando comigo, mais ou menos com estas palavras:

— Chega! Não aguento mais esses peixes! E caramba! O chão todo molhado. E agora, quem vai enxugar? Trago um pano e você vai enxugar, *'u capisti* [você entendeu], Alessá? Senão, vou contar para o seu pai!

— Não fui eu! Já estava assim! — respondi.

Mas o pavio já tinha sido aceso e eu me sentia ardendo de raiva.

— Pois eu lhe digo que *fusti tu* [foi você]! Eu vi, Alessá! E não responda, senão te levo para a diretoria! Agora *pigghiati 'sto cannavazzu* [pegue este pano] e limpe tudo! — disse, atirando-me o rodo e o pano.

Perdi a cabeça. Pus o aquário com os peixes no chão e corri para a classe com uma fúria espantosa. Bastou um olhar para a profe entender que estava acontecendo algo muito sério. Cerrei os dois punhos de raiva e saí de novo, seguido pela professora.

— Alessandro, pare! Alessandro, aonde você vai? Alessandro, pelo amor dos céus, pare, volte aqui! — chamava-me feito uma desesperada.

Comecei a subir e descer as escadas da escola, a andar pelos corredores, a entrar em todas as classes. Na perseguição, juntou-se a ela o profe Di Fulgo, que, naquela sua hora livre, estava como sempre na frente da janela do nosso corredor contemplando a esquálida paisagem do bairro, diante de uma xícara fumegante de café com leite.

— Cadê ele? Cadê ele? — eu gritava, pronto para o ataque. Todos os bedéis, que haviam entendido as minhas intenções, tinham se enfurnado sabe-se lá onde.

Di Fulgo começou a me chamar:

— Alessandro!

De repente, lançou-se de impulso sobre mim e me agarrou pelo moletom. Senti que me puxavam, depois não entendi mais nada. A minha fúria cega me fizera entrar numa espécie de transe. Depois me contaram que Di Fulgo me agarrara pelo moletom (que, de fato, depois encontrei rasgado em casa) e me segurara contra a parede. Então começou a me culpar, enquanto eu gritava chorando:

— Não fui eu! Não fui eu! Não fui eu! Por que estão me acusando? Por que ninguém acredita em mim? Não fui eu! — Depois interrompi aquelas palavras com profundos soluços. Naquele momento, consegui perceber que De Lisi tinha me prendido num abraço, enquanto procurava me tranquilizar:

— Eu sei, eu acredito em você. Alessandro, eu acredito em você. Sei que não foi você. Você é inocente. Eu sei que você é inocente. Alessandro... *Chhhh*... Vamos, vamos...

Apoiei-me com todo o meu peso sobre ela, que é decididamente menor que eu.

Sentia pela primeira vez que era considerado inocente, como o meu pai.

No final, levaram-me para a diretoria e Di Fulgo se empenhou ao máximo para evitar que eu fosse suspenso.

No dia seguinte, De Lisi faltou e ficou afastada durante uma semana toda.

Aquela semana foi infernal para mim. Eu me sentia sozinho, tremendamente sozinho. Todos os colegas me deixaram de lado, até Viciú, Ciccio e Paolo preferiam ficar com os outros e não comigo. Comecei a estudar o mais que podia e à minha maneira, mas, como nunca tinha feito isso da forma correta, tive grande dificuldade. Continuei com Nanni. Incrível dizer, mas era o colega com quem me sentia melhor. Descobri nele uma pessoa genuína, pura, e continuamos como colegas de carteira pelo resto do ano letivo. Mas, durante o recreio, ele me deixava sozinho e ia à I E para brincar com figurinhas de jogadores de futebol com o seu melhor amigo. Assim, eu pegava os meus fones de ouvido e ficava escutando música até a hora de retomar as aulas.

A nova atitude dos colegas 17

HOJE DANILO VOLTOU PARA A ESCOLA, FINALMENTE. Durante a sua recuperação, fui visitá-lo todas as tardes. E, embora ele não tivesse despertado totalmente, eu me sentava ao lado da cama, na cadeira de sempre, e lhe contava as novidades da escola e do bairro. Quando eu chegava, seus pais saíam do quarto e me deixavam sozinho com ele. Uma tarde, já no corredor, soube pelo senhor Tordo que Danilo havia despertado.

— Vamos, Alessandro. Entre. Quando Danilo despertou, a primeira coisa que ele disse foi o seu nome!

Eu não tinha coragem de encará-lo, de olhá-lo nos olhos, de falar com ele. De me deparar com sua repreensão. Assim, inventei uma desculpa e fugi do hospital. Não fui mais visitá-lo, mas sentia o coração cheio de alegria por ele. Estava fora de perigo, só isso importava.

Hoje também fico sozinho durante o recreio. Todos os meus colegas estão em volta de Danilo e fazem festa. Fazem as perguntas mais disparatadas: desde "Como você se sente?" até "Como é estar morto?", desde "O que se come no hospital?" até "Como você passava o tempo?". Depois de responder a todos, a aglomeração em torno dele se dispersa e Danilo me lança um olhar. Permaneço sentado, com os fones nos ouvidos e o olhar perdido para fora da janela. Depois de alguns minutos, vejo com o rabo do olho uma sombra se aproximando, então me viro e me deparo com Danilo de pé na minha frente, perguntando se pode sentar. Eu, que estou com os pés apoiados na cadeira ao lado, tiro-os para abrir espaço para ele. Ainda estou com os fones nos ouvidos, mas a minha atenção se concentra nele e no que está fazendo. Vejo-o desembrulhar um sanduíche, e ele me pergunta:

— Minha avó fez o sanduíche de salame, como você gosta. Vamos dividir, metade para cada um?

Apesar da música, ouço a sua proposta. Engulo o belo gesto de amizade e faço que sim com a cabeça. Ele divide o sanduíche e me estende metade. Eu pego, tiro os fones dos ouvidos e digo:

— Obrigado.

— Não, Alessandro, eu é que agradeço. Eu ouvi você, sabe? Ouvi tudo o que me contou. Não conseguia despertar, mas ouvi você e percebi a sua amizade. Se lutei pela vida, foi também graças a você e ao apoio que me deu todas as tardes — ele me diz.

Fico literalmente estupefato. Deve ser visível, porque ele continua:

— Não esperava essa, né? Viu só? Você sabe fazer muito mais do que você mesmo imagina.

Perplexo, pronuncio as primeiras palavras que me vêm à cabeça:

— Sim, mas não vá se acostumar, hein?

Mas já não sou convincente, e ele desanda a rir, seguido por mim.

— Gostoso, esse sanduíche! A sua avó é mesmo boa para escolher frios de qualidade! — digo.

— E se você soubesse como ela cozinha! Faz uma massa fresca com ovos de dar inveja geral. Amanhã no almoço você vai ver! — Danilo já me faz um convite, dando por certo que vou aceitar.

Eu deixo, pois gosto da iniciativa.

— Vamos ver se ela é melhor do que o meu pai! — respondo.

— É ver para crer! — retruca ele.

— O.k.! Desafio aceito! — E damos um aperto de mãos.

De repente, como se Danilo tivesse quebrado um feitiço, alguns colegas se aproximam. O primeiro é Nanni, que me convida para bater figurinhas. Depois Caterina, que me pergunta se quero sair à tarde com ela e Nella para tomar um sorvete. Por fim, todos os outros, que começam a falar de uma coisa e outra. Percebo o momento incomum, aliás, único, e respiro essa atmosfera a plenos pulmões.

Hoje De Lisi retorna. Quando finalmente entra na sala, cumprimenta a turma, depois dá uma olhada geral em todos nós e vê Danilo ao meu lado, Nanni ao lado de Viciú, Walter ao lado de Paolo e os quatro superbons separados um do outro e sentados ao lado de quem tem especial dificuldade no estudo (Carlotta, Alfio, Peppuccio e Caterina), aos quais emprestam não só os livros, mas também todo o material escolar de que precisam.

Não há palavras que descrevam.

Desde aquele dia e até o final do ano letivo, os dias transcorrem serenos e sem entraves. De vez em quando surge alguma briga, mas são coisinhas pequenas entre colegas.

Caterina se tornou realmente boa nos estudos, apaixonou-se tanto que não quer parar mais, nem mesmo diante das maiores dificuldades. Aliás, eu sempre soube que a sua tenacidade era insuperável. Continuei a ajudar Nanni e isso me deu uma certa segurança. As coisas que ele estudava eram de fato muito simples, e devo dizer que eu também aprendi muito.

De vez em quando a vice-diretora vinha nos visitar de livre e espontânea vontade: acho que ela não conseguia acreditar que, na II E, ninguém mais gritava como antes. Claro que, de vez em quando, os profes nos chamavam à ordem com alguma veemência; a nossa classe realmente não tinha virado um modelo exemplar. Não, isso não. Éramos agora uma classe... normal. Com seus problemas normais, em que se brigava normalmente e depois se faziam as pazes normalmente.

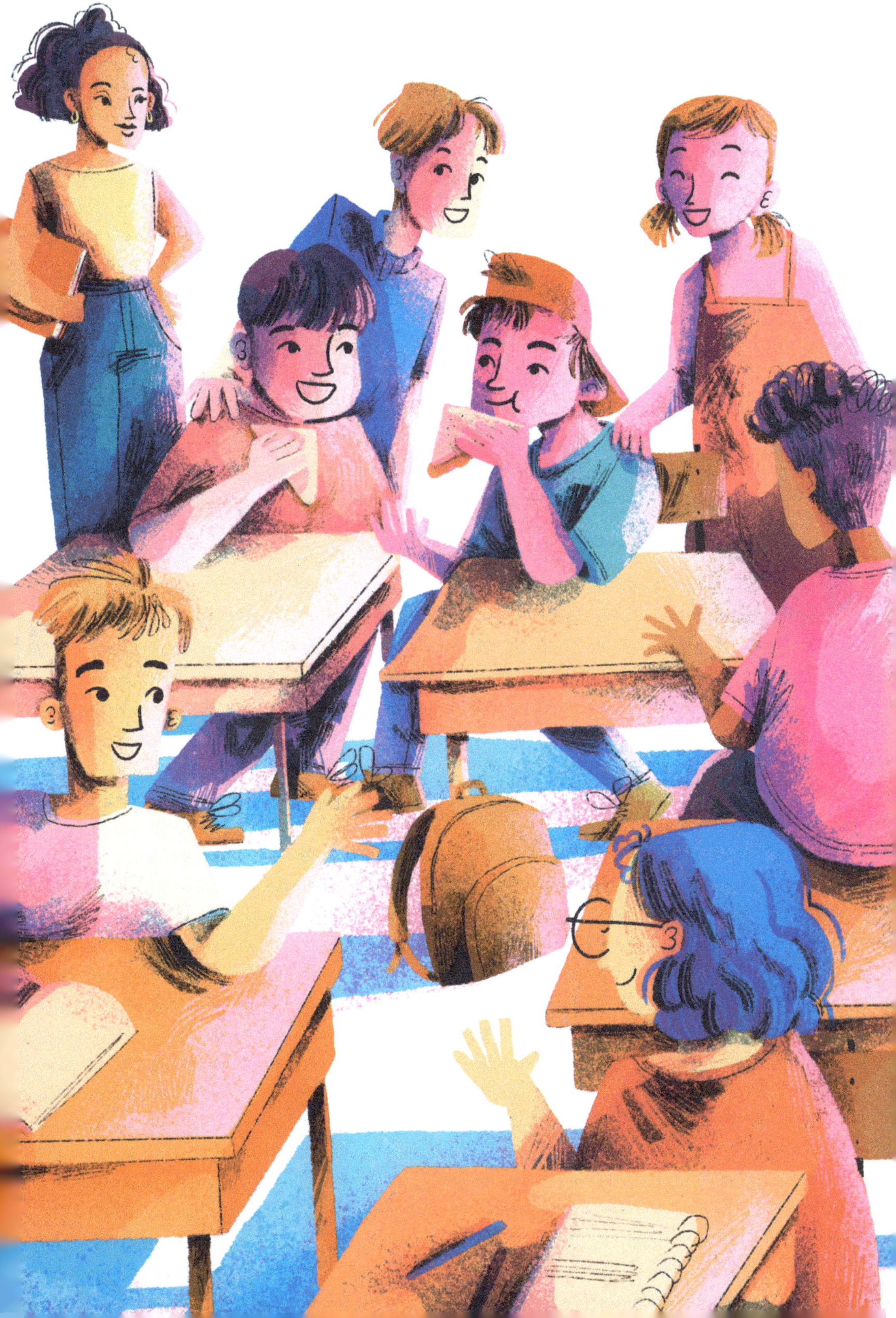

Fomos todos aprovados, inclusive eu e os meus três amigos, que ainda apresentávamos inúmeras lacunas, principalmente em italiano.

Fui várias vezes à casa de Danilo, e seus pais nunca fizeram qualquer alusão ao que tinha acontecido. Mostravam-se gentis comigo, e frequentemente a senhora Tordo preparava uma deliciosa torta de maçãs adicional para eu levar para a minha mãe e meus irmãos. Descobri muitas coisas sobre Danilo; por exemplo, que adorava jogar *videogame* comigo. Por isso passávamos tardes inteiras competindo, embora quase sempre ele ganhasse. Era muito mais treinado do que eu, que até poucas semanas antes passava tanto tempo na rua. Algumas tardes também levei comigo o meu irmão Mimmo, com quem a relação melhorou visivelmente, para a felicidade da minha mãe e, como eu soube depois, do meu pai também.

Terminado o Fundamental, cada um tomou o seu próprio rumo, mas mantive contato com muitos colegas. Caterina se matriculou no *liceo classico*[9], porque quer ser advogada, diz que deseja defender as mulheres dos abusos dos homens e processar os culpados. Walter está cursando um instituto de Ensino Técnico e, enquanto isso, continua a estudar dança; diz que o seu objetivo é abrir uma escola de dança caribenha para crianças. Danilo, por sua vez, faz

---

9 Uma das opções de Ensino Médio na Itália, focada no aprendizado de ciências humanas.

o curso de hotelaria, porque quer ser confeiteiro. Paolo, Ciccio e Viciú continuam a trabalhar com as suas famílias. Perdi contato com os outros, mas sei por fontes seguras que todos estão bem.

Mudei para a Alemanha, junto ao meu tio, onde sou *pizzaiolo*. Nella ainda mora em Palermo. Antes de partir, consegui lhe declarar o meu amor como um verdadeiro cavalheiro, ao que ela me concedeu um beijo e a promessa de me esperar.

E o meu pai? No fim, era mesmo inocente. Por sorte, uma testemunha arrependida declarou que papai fora literalmente obrigado a ser testa de ferro de uma figura "importante" no bairro, que era de fato o mandante do homicídio. Se o meu pai não aceitasse, esse homem "viria trazer as suas homenagens à minha mãe, a mim e aos meus irmãos", palavras em código para transmitir uma ameaça de morte. Por isso o meu pai tinha aceitado e se sacrificara somente para nos proteger.

Agora ele voltou para casa, embora tenha de ficar em prisão domiciliar até o encerramento definitivo das investigações. Observo a minha família completa e parece ter quase voltado a ser o que era antigamente. Com o meu pai em casa, minha mãe recuperou a vontade de seguir em frente com a mesma força de antes. De vez em quando, passando uns dias em Palermo, encontro-a a cantarolar enquanto limpa a cozinha. É sempre a mesma melodia, um pouco melancólica, talvez uma antiga canção de ninar siciliana. Gosto quando ela cantarola com os lábios fechados e os olhos felizes.

— O que foi? — ela me pergunta, quando me vê fascinado a ouvi-la.

— Nada, mãe, nada — respondo sorrindo, com um suspiro. — Não é nada. E isso é que é bom.

AGRADECIMENTOS

Passaram-se vários anos desde que aconteceram os fatos aqui narrados e conheci muitos Alessandros, diversos Danilos, inúmeros Ciccios, Paolos, Viciús e depois também Giulias, Annas, Sofias e Davides. Isso para não falar dos Nannis... há mais deles do que se possa imaginar! Caterinas, sim, sempre existem, em toda classe, ocultas por trás de diversas identidades. Quantas professoras De Lisi e quantos professores Di Fulgo! Um livro inteiro não seria suficiente para enumerar todos eles.

Mas o modo de "desmontar um valentão", isto é, compreendê-lo e aproximá-lo de nós, é mais ou menos o mesmo. Por isso esperei tantos anos antes de escrever este livro: queria que a mensagem fosse clara e direta. E, se foi assim para vocês, sem dúvida é por mérito de algumas pessoas.

Acima de tudo, de Orietta Fatucci, que captou a essência da história e, com suas palavras, me incentivou a adotar uma escrita límpida e aberta. A ela, o meu especial agradecimento.

Agradeço a Gaia Stock, que aceitou prontamente o manuscrito.

Agradeço a Daniele Nicastro, pelos seus conselhos e pela sua paciência.

Agradeço a Clelia Lombardo, querida amiga e meu "Grilo Falante", pelo seu encorajamento.

Agradeço à minha família, que acredita em mim. Sempre.

SOBRE A AUTORA

GIUSI PARISI nasceu em 1978 em Palermo, capital da região italiana da Sicília, onde mora e dá aulas em uma escola de Ensino Médio. Desde 2014, é autora de livros didáticos de história, geo-história e geografia. Ministra oficinas de escrita criativa para estudantes dos Anos Iniciais e Finais do Ensino Fundamental. Leitora apaixonada de livros infantis e juvenis, considera-os instrumentos indispensáveis para o desenvolvimento da criatividade e do livre pensar. Depois de *Eu, valentão* (publicado originalmente em 2018, com o título *Io, bullo: da una storia vera*), lançou *Bullismo: una storia per capire* (2019) e *Baghdad Rock* (2021).

SOBRE O TRADUTOR

FEDERICO CAROTTI nasceu em 1960, em Bergamo, Itália, e ainda pequeno radicou-se com sua família no Brasil. Iniciou suas atividades de tradução em 1988, concentrando-se nas áreas de literatura, filosofia, história e ciências humanas. Já traduziu para o português obras de Louisa May Alcott, Giulio Carlo Argan, Italo Calvino, Guido Crepax, Domenico de Masi, Chiara Frugoni, Carlo Ginzburg, Antonio Gramsci, Mauro Maldonato, Nicolau Maquiavel, Nanni Moretti, Roberto Saviano e Antonio Tabucchi, entre outros.

SOBRE A ILUSTRADORA

MINNA MINÁ nasceu em João Pessoa, na Paraíba. É designer e ilustradora freelancer, graduada no curso de Comunicação em Mídias Digitais (UFPB) e mestre em Design de Comunicação pela Escola Superior de Artes e Design, de Portugal. No mesmo país, fez intercâmbio acadêmico na Faculdade de Belas Artes da Universidade do Porto. Escreveu e ilustrou o livro *Onde as gaivotas fazem seus ninhos*, lançado em 2018 por meio de financiamento coletivo. Realizou as seguintes exposições individuais de ilustrações: *As pequenas coisas d'Amélie Poulain* (2013); *À espera no campo de centeio* (2014, 2016, 2017); *Onde as gaivotas fazem seus ninhos* (2018); *Mulheres de letras* (2021).

Acesse o catálogo online
de literatura da FTD Educação

Produção gráfica

FTD educação | **GRÁFICA & LOGÍSTICA**

Avenida Antônio Bardella, 300 - 07220-020 GUARULHOS (SP)
Fone: (11) 3545-8600 e Fax: (11) 2412-5375

São Paulo - 2025

A comunicação impressa
e o papel têm uma ótima
história ambiental
para contar

TWO SIDES
www.twosides.org.br